わたしの旅ブックス
045

花嫁とゲバラを探して
南米婚活紀行

北澤豊雄

産業編集センター

プロローグ

　タクシーを降りると乾燥した濃い闇に包まれた。

　目の前の小さなホテルのガラス張りの扉の取っ手には重々しい鎖が幾十にも巻かれて訪問者を立ち止まらせている。夜の底に腹を空かせた犬の鳴き声がどこからともなく聞こえてきた。僕は全身をこわばらせながら周囲と扉周辺とに目をやっている。インターフォンらしきものはなく、扉の向こうの暗闇にレセプションの影もない。タクシーを待たせておけばよかったと後悔したが後の祭りである。闇が一段と重くのしかかり、背筋に冷たいものが走った。

　2022年6月3日の深夜3時過ぎ、僕はアルゼンチン第二の都市コルドバにいる。コパ航空101便の到着が遅れ、ダウンタウンのやや郊外に位置する予約済みのホテルに到着したのがこの時間になったのだ。

吐く息は白く冷気が体を締め付けているがそれどころではなかった。日本を発ったばかりで、すべての荷物を持っている。初めての土地で深夜、一人であてどもなくさまようことは避けたかった。目を凝らすと扉の横に小さな貼り紙があった。「ホテルの入口の住所はリバデオ1560に変更しました」。

僕は舌打ちして天を仰いだ。

ブッキングドットコムで予約したこの「ホテルペティト」の住所は「ヘロニモ・ルイス・デ・カブレラ237」だった。入口までの距離がどの程度のものかまるで想像がつかない。日本から持ってきたスマホはあるがアルゼンチンで使用可能なシムカードはまだ手に入れていない。ブッキングドットコムの住所はおそらく最新のものに更新されていないのだ。ホテルにはあらかじめ深夜の到着になるとメッセージまで送っていたのに。

僕はバックパックを背負ったまま裏の方へ回った。そう遠くはないだろうと祈った。うしろを振り返りながら、暖色系の頼りない街灯の下を早足で歩く。車一台通らない。人の気配もないが、犬の鋭い鳴き声がしだいに近づいてくる。「ホテルペティト」の看板や表示は見当たらないが、「コンチネンタルホテル」という看板はあった。そこを通りすぎて更にワンブロック進んだところでふいに踵を返した。僕を狙う無数の目が暗闇に潜んでいるような気がして駆け込むように「コンチネンタルホテル」のガラス張りの扉を叩いた。扉の向こうには微かな明かりと人影がみえた。

「こんばんは！　開けて下さい！　お願いします！」

ブーッというブザー音が聞こえ、扉を押すと、精悍な顔つきに革ジャン姿の若い男が出て来た。人に会えてほっと息をつくと、僕は「ホテルペティトはどこですか？」と尋ねた。

男はきょとんとした表情を浮かべた。

「ここだけど、君はもしかして、予約のトヨオ・キタザワですか？」

僕は目を見開いて頷いた。

「ようこそコルドバへ。お待ちしておりました」

いったいどうなっているんだ。住所もホテルの名前も違うじゃないか。僕は口を尖らせた。

「ブッキングの住所が違う。ホテルの名前も二つあってよく分からない」

「でも、無事に着いたから問題ないでしょう」

とたんに肩の力が抜けた。南米らしいといえば南米らしい。

旅の初日を一泊25ドルのこのホテルにしたのには理由があった。経済的なホステルは基本、深夜の到着を受け付けていない。0時7分にコルドバの「アンブロシオ・タラベジャ国際空港」に到着予定だった僕は、夜間対策のためやむを得ず初日のみ24時間フロント対応のこのホテルを予約していたのだ。その夜間対策に足元をすくわれそうになり、肩すかしをくらった気分だった。アルゼンチンは近年「セグンダ・ベネズエラ」（第二のベネズエラ）と呼ばれて経済が安定していないという噂があり、身構えていたのである。

だが……。2年半ぶりの南米の感覚にぐいっと引き戻されてもいた。思い通りに事が運ばないのが南米だ。

チェックインを済ませて部屋のベッドに潜り込むと、緊張から解放されたせいか、またたくまに睡魔が襲ってきた。明日から、いよいよ活動開始だ。

花嫁とゲバラを探して――南米婚活紀行｜目次

ゲバラの旅程図と著者の旅の軌跡

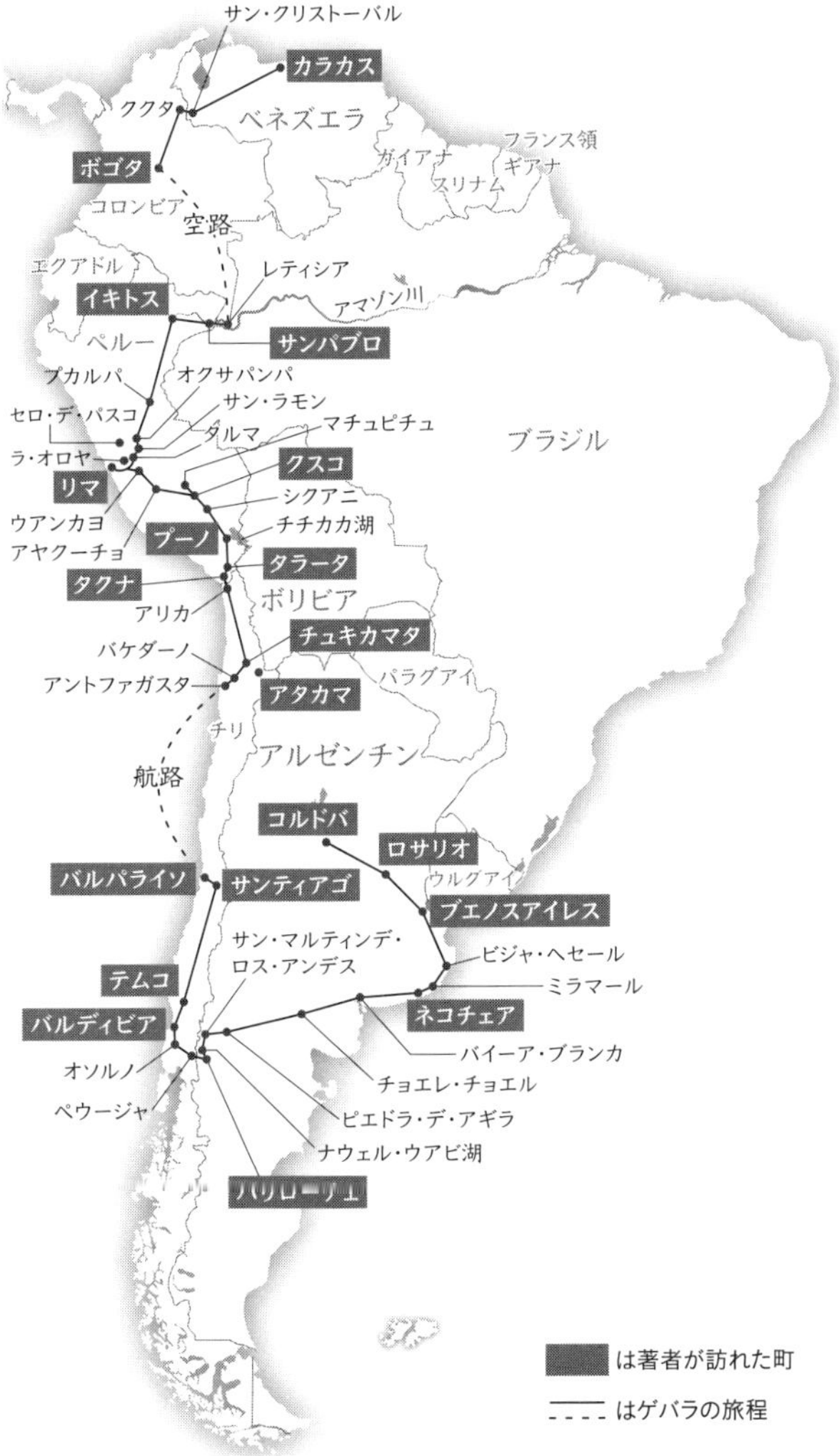
サン・クリストーバル
カラカス
ククタ
ベネズエラ
フランス領
ギアナ
ガイアナ
スリナム
ボゴタ
コロンビア
空路
エクアドル
レティシア
イキトス
アマゾン川
ペルー
サンパブロ
プカルパ
オクサパンパ
サン・ラモン
セロ・デ・パスコ
タルマ
マチュピチュ
ブラジル
ラ・オロヤ
クスコ
リマ
シクアニ
ウアンカヨ
チチカカ湖
アヤクーチョ
プーノ
タラータ
タクナ
ボリビア
アリカ
チュキカマタ
バケダーノ
パラグアイ
アントファガスタ
アタカマ
チリ
アルゼンチン
航路
コルドバ
ロサリオ
ウルグアイ
バルパライソ
サンティアゴ
ブエノスアイレス
サン・マルティンデ・
ロス・アンデス
ビジャ・ヘセール
テムコ
ミラマール
ネコチェア
バルディビア
バイーア・ブランカ
オソルノ
チョエレ・チョエル
ペウージャ
ピエドラ・デ・アギラ
ナウェル・ウアピ湖
は著者が訪れた町
はゲバラの旅程

表紙カバー・本文写真　北澤豊雄

ゲバラ × 婚活の旅、始まる。

1.　コルドバ

南米でマッチング

異性との出会いを主な目的としたマッチングアプリ「ティンダー」のスマホ画面には、大胆なセクシーポーズを決めた女性たちの写真が次から次へと流れてくる。

僕がいま滞在しているコルドバは人口約140万人のアルゼンチン第二の都市だ。郊外にはツーリズムが組まれる豊かな自然があるため開放感が生まれるのか、川辺の岩場らしき上で裸同然のまま寝そべった写真や、紐パン・紐ブラのような危うい下着で今にもこぼれ落ちそうな胸元を強調する女性など挑発的な人が少なくない。一瞬、恋人や結婚相手を探すマッチングアプリというより、風俗店の情報サイトではないかと見まがうほどだった。はるばる地球の裏側まで旅にやってきて、僕はなぜマッチングアプリを使っているのか。

2021年3月に上梓した拙著『混迷の国ベネズエラ潜入記』(産業編集センター刊)が引き金になっている。国家破綻寸前と言われる実情に迫りたくて様々な角度から取材を試みたが、ふとマッチングアプリはどうなっているだろうと気になり立ち上げてみた。すると、そんな状況下でも「恋をしたい」男女の多さに驚いた。滞在期間の問題から自分が登録するまでには至らず拠点にしているコロンビアに戻ったのだが、コロンビアでもたいそう流行っていることが分かった。試しに登録してみると、みるみるうちにコンタクトしてくる女性がいた。いつか本格的に中南米でマッチングアプリを試してみたいと思っていた。

中南米の女性にも興味があった。2007年から各地を回っているが、これまで親しくなることはあっても恋愛に発展することはなかった。日本での生活に追われていると、ふと、彼女たちの陽気で開けっ広げな性格や弾けるような笑顔を思い出すことがある。ポジティブで寛容な点も好きだった。

僕は43歳の独身である。今回の旅に出る直前は都内の特別養護老人ホームに勤める介護士兼技能実習生専門の日本語教師のダブルワーカーだった。このままの生活を続けても給与のアップはたかが知れてるし、将来の展望もなかった。それならいっそのこと中南米でマッチングアプリを使って婚活をしてみたら面白いのではないか。僕には実家がなく二親等以内の親族もいないため寂しく、パートナーが欲しいというのもあった。誰とでも、どこでも住めるという利点もある。

若き日のゲバラの旅

キューバの英雄、チェ・ゲバラのことも気になっていた。中南米に関わるようになって10年以上になるがゲバラのことは常に頭の片隅にあった。若きゲバラは友人のアルベルトと共に大学時代に南米1周の旅に出ている。コルドバを起点に、チリ、ペルー、コロンビア、ベネズエラの5カ国をおよそ7カ月かけてバイクとヒッチと徒歩で縦断した。旅の様子は『モーターサイクル・ダイアリーズ』という本と映画になっている。

キューバ革命前夜からその後のことはあらゆる媒体でよく知られているが、『モーターサイクル・ダイアリーズ』はゲバラを語る上で付録のような扱いだった。だがゲバラはその旅を通して南米の生々しい現実を目の当たりにして政治に目覚めたと言われている。のちの革命家チェ・ゲバラが形成された重要な時期だと思うのだ。あの旅から70年経つが、彼の地を巡ることによってゲバラの原風景に少しでもアプローチしてみたいと思っていた。

ようするに、『モーターサイクル・ダイアリーズ』のルートを辿りながらマッチングアプリを使って婚活すれば一石二鳥になると踏んだのだ。こうして僕はそれまで住んでいた練馬区のシェアハウスを解約し、住民票を抜き、海外でも働ける日本語教師の英文の資格証明書とわずかな荷物を持って日本を出発したのだった。

有料アプリ「ティンダー」

南米では大手のマッチングアプリとしては「ティンダー」、「マッチコム」、「フェイスブック出会い版」が流行っているようだ。「フェイスブック出会い版」を勧める人が何人かいたが、日本の「フェイスブック」にその機能はない。したがってスペイン語圏の「フェイスブック」で新しいアカウントを作り、友達を何人か招待して下地を作らなくてはならないのだが、いささか面倒だった。僕は使いやすい「ティンダー」の有料版にした。

スマホの画面に流れてくる女性の中で意中の女性がいればハートマークの「Like」を押す。相手も「Like」を返してくれたらマッチングが成立し、メッセージのやり取りが始まるという仕組みである。とはいえ、女性は選ぶ立場で、男性は選ばれる立場である。数打ちゃ当たるの世界で、僕はコルドバに到着して2日目の一日だけで100件近くの「Like」を押したが、一度もマッチングしなかった。

紹介文はこう書いた。

名前：Toyoo
年齢：43歳
仕事：文筆業
興味：サッカー・コーヒー・寿司・旅行・アニメ（5つまで選択式）

私は日本人です。今、コルドバにいます。中南米の女性を彼女にしたいです。誰か私と会ってくれる人はいませんか？　中南米の女性との結婚を希望しています。チェ・ゲバラの若き日の南米旅行記『モーターサイクル・ダイアリーズ』のルートを回るために南米に来ています。コルドバには6月7日まで滞在します。

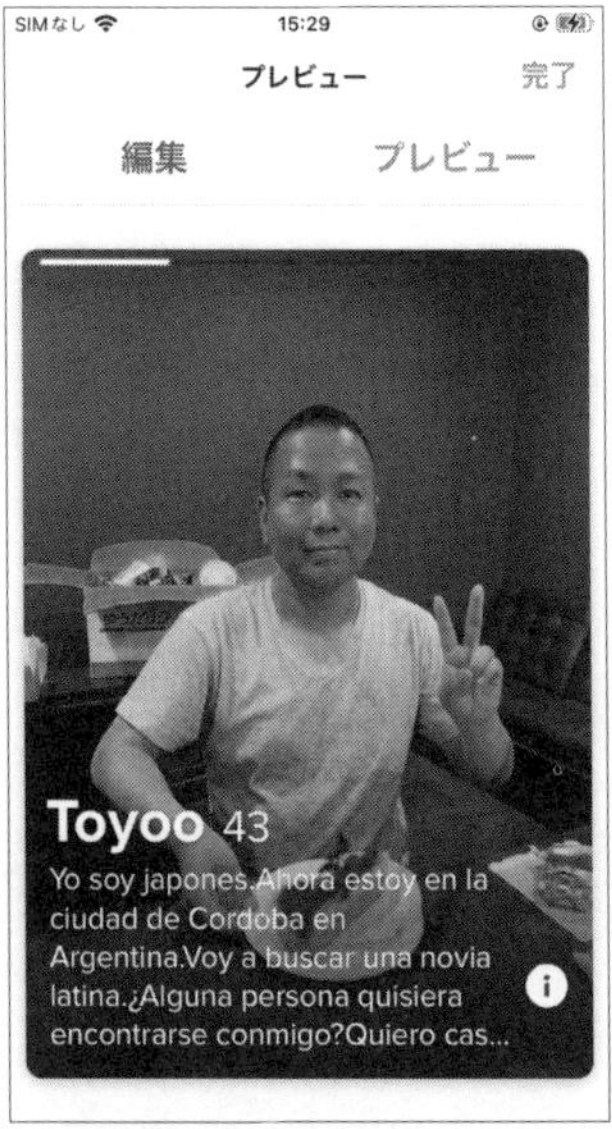

筆者の自己紹介画面

結婚を希望しながら旅をしているのは身勝手といえば身勝手だが、とりあえず簡潔に趣旨を記した。写真は日本を発つ直前に住んでいた練馬区のシェアハウスで撮ってもらったものである。送別会をおこなってもらった際、20代の女の子たちに今回の旅の目的を話し、それ用の写真を女子目線で撮ってもらったのである。顔ははっきりと、体型も分かるようにバストアップが良いとのことだった。

なお、僕は未婚で彼女いない歴は約5年。身長は162センチで体重は68キロほどである。

スペイン植民地時代の面影が残る街

マッチングアプリだけが目的ではなく、むろん、コルドバの街も散策した。

ゲバラは5歳からコルドバ郊外やコルドバ市内に住んでいる。高校を卒業するまでの約14年間を過ごしている。いわば故郷である。

それにしても、アルゼンチンに来たな、と実感するのは、スペイン語のその滑らかな響きである。10年以上前になるが、僕はコロンビアの国立コロンビア大学で半年ほどスペイン語を学んだ。もっとも、机上の勉強よりも、ホームステイ先の日本食レストラン「侍や」での電話番や配達の手伝いのほうが有意義だった。オーナーの高橋弘昌氏から受けた薫陶は南米を行動するうえでの僕の財産になっている。

南米のアンデス系地域といわれるベネズエラ、コロンビア、エクアドル、ペルー、ボリビアのスペイン語は語調に締まりがあり、話す速度もゆっくり目である。それに対してチリ、アルゼンチンのスペイン語はメリハリがなく流れていくような感じだ。アルゼンチンは今回で3度目だが、アンデス系のスペイン語がベースになっていると正直戸惑うのである。

だが、そんなことに関係なく街にはおだやかな青空が広がっていた。6月現在、コルドバは冬で夜になると乾燥した冷たい空気がまとわりついてくる。

上／コルドバの市街地
下／コルドバのダウンタウン

マスク姿の人は少なく、見かけても青い不織布マスクか、黒系の布マスクが多い。日本から持ってきた白い不織布マスク姿の僕は明らかに浮いていた。アルゼンチンへの入国は、アルゼンチン移民局への渡航前申請と、コロナ罹患に際して対応可能な海外旅行保険への加入（英語かスペイン語表記）が義務づけられている（筆者入国2022年6月3日時点の情報）。

スペイン植民地時代の面影が残る石畳の中心街には、サンドイッチやハンバーガーを売る今どきのお洒落なカフェと共に、3、4世紀も前に建てられた荘厳な教会や屋敷が現れる。ときおりピーナッツを煎る香ばしい匂いが露店から漂ってくる。擦れ違う子供たちが物珍しげな視線を僕に向けてくる。首都ブエノスアイレスでは、アルゼンチン経済協会の建物の前で物価値下げを要求する労働者たちのデモが話題になっていた。

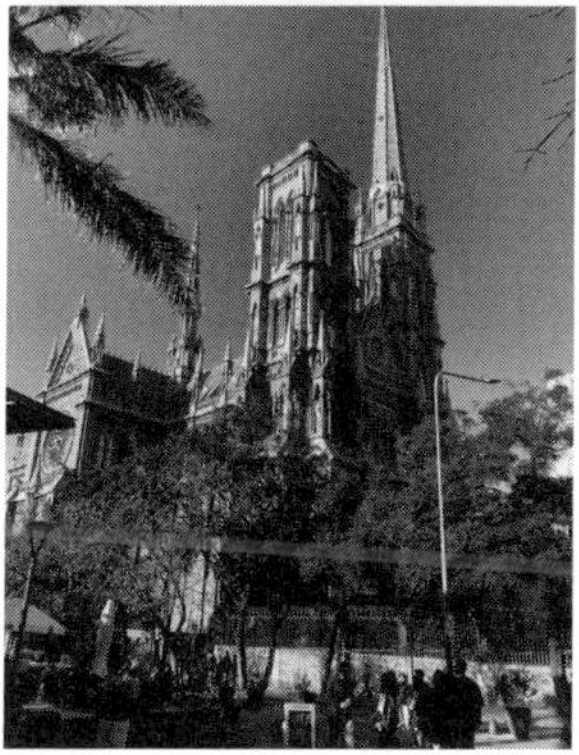

上／豚ロースのサンドイッチ
下／カプチーノス教会

初マッチングの相手は47歳

マッチングしたのは、投宿した一泊11ドルほどの安宿「ホステル531」で冷凍ピザの夕食を済ませ、二段ベッドのドミトリーの部屋で仲間たちと飲んでいるときだった。

初マッチングのお相手は47歳の女性だった。あまりに多く「Like」を押しすぎたせいか、正直覚えていない。「ティンダー」はスマホの位置情報の機能を使うため、相手の居住地は僕のいる場所から1キロ以内だと表示されている。

女性はどこかのビルの屋上に立って、青々とした空の下でサングラス越しに笑みを浮かべていた。大学の事務員だという。彼女からのメッセージはこうだ。

《やあ、トヨオ。調子はどう？　コルドバには7日まで滞在なのね。今日は何してるの？

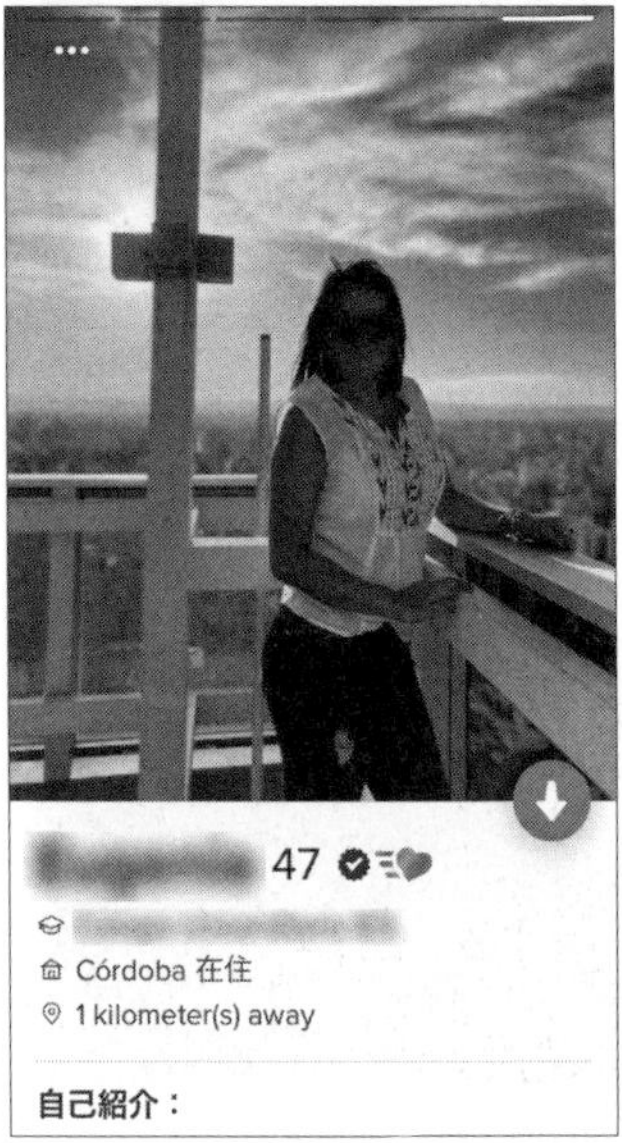

初マッチングのアルゼンチン人女性

私はこれから友人の結婚式でダウンタウンまで行くのよ。あなたに興味があるし、私も旅行が好きだしいろいろな国の話を聞きたいわ》

いきなりこれから会うのか、という胸の昂ぶりとは裏腹に、スマホの時計に目をやると21時近い。滞在中の「ホステル531」はダウンタウンにあるから、彼女の目的地ともそう遠くはないはずだ。だが……と考えてしまう。土地勘のない場所で夜に会うのはなるべく避けたかった。二度目以降ならいざ知らず、初回は昼間に会いたい。

女性からのメッセージ（灰色の部分）と筆者の返信メッセージ（白ヌキ文字の部分）

それに、ホステルの入口の問題もあった。重々しい鉄柵の扉の施錠はスマホ操作で解除するのだが、入口の前でＷｉＦｉが使えないときがある。ホテルではないから夜になるとスタッフは不在になることもある。彼女と会って夜中に戻ったとき、スマホ片手に入口でもたつくのは危険だった。日本のスマホ使用可能なアルゼンチンのシムカードもまだ手に入れていない。熟考した末に僕は返信した。

《メッセージありがとう。いまホテルで仲間たちと飲んでいるんだ。残念！　明日か明後日じゃダメなの？》

40分ほどで返信が来た。

《私は今、ダウンタウンのバーにいるのよ。アルゼンチン人の夜はこれからなのにねぇ。良い子ちゃんのあなたはおむつでも履いてなさい。ハハハ。良い週末を》

いきなりの洗礼である。右記は僕の意訳だが、ようするに、週末の夜にせっかく女子が誘っているのに顔を出せない男になど用がないということだろう。以降、メールを出しても彼女から返信が来ることはなかった。

ゲバラが生まれた町で、
初めてのデート。

2.　ロサリオ

売りに出されていた生家

ゲバラの生家が近くにあると教えてくれたのは、アルゼンチン第三の都市ロサリオで投宿した「ハイ・ホステル」の従業員の女性である。一泊15ドルほどで二段ベッドが三つ四つ置かれた部屋が複数ある典型的なホステルである。ここに住みながら仕事に行ったり大学に行ったりする地元の人が半分以上だが親近感があり居心地が良かった。

チェ・ゲバラことエルネスト・ゲバラ・デ・ラ・セルナは1928年6月14日にロサリオで生まれた。「チェ」は正式な名字ではない。日本語でいえば「ええっと」や「ねえ」といった相づち言葉のアルゼンチン地方のスペイン語である。ゲバラの口癖で乱発するものだから仲間たちがあだ名にしたのである。

ゲバラの家は農場を所有するなど中産階級の上層に属していたが、ゲバラの成長に従い斜陽化していった。大学入学の頃には資産をほとんど手放す落魄ぶりだった。だが母親のセリアは無神論者にして自由主義者、その精神がゲバラに与えた影響は大きいと言われている。少年時代のゲバラは喘息持ちのくせにスポーツに熱中しつつ早熟の読書家でもあった。

国立ブエノスアイレス大学医学部在学中に『モーターサイクル・ダイアリーズ』の旅を終えると大学に復帰して卒業。しかし、医師の道には進まずメキシコでキューバ人弁護士のフィデル・カストロ（のちのキューバ最高指導者）と出会いキューバ革命に参加。革命成就後は新政府の国立銀行総裁など要職に就いたがゲバラの目はもっと遠くを見ていた。特権を享受することなく安定を捨てて南米ボリビアでの革命を志したものの、1967年10月9日、同国の小さな村で銃殺されている。

今日でもなおゲバラが人気なのは、革命家の実績を引っ下げていることにくわえて華のあるその風貌である。戦闘服にベレー帽からはみ出す蓬髪。滑らかな口髭と顎髭。濃い眉の下にある瞳は優しげで人の目を引く。そのくせ侠気に溢れ、アメリカには文句をつけ、弱者の味方だった。こんなにかっこいい男はほかにいないだろう。

そんなゲバラの生家はダウンタウンにも近い「リオス通り」の角にあった。1階が企業のオフィスで2階と3階が住居といった趣の洋館風だが、ゲバラ家が住んだ2階の一室はなんと売りに出されていた。通りに面した窓の扉に「売ります　お問い合わせはこちらの不動産会社まで」と電話番号が記された告知がゲバラの顔と共に貼り出されていたのだ。

近所の人によれば2年ほど前から売りに出されて買い手がついた様子はないという。5千万円ぐらいらしい。この家には1年も住まなかったとはいえ、キューバの英雄も母国アルゼンチンでは人気がないのだろうか。

ゲバラが住んだ一室と売却の告知

いよいよ初デート⁉

コルドバとは打って変わって「ティンダー」はマッチングの回数が増えてきた。場所を変えるだけでこんなに違うのか。水着姿やきわどい下着姿の女性が多かったコルドバと違い、落ち着いた女性が多い印象を受けるのは気のせいだろうか。医者、弁護士、会社経営者などもたびたび見かける。

マッチングした中ですぐにメッセージのやり取りが始まったのは42歳の女性だった。国立ロサリオ大学の出身で、趣味はアート、読書、語学、ハイキングとある。トップページの写真は海辺に立ってアップの顔をこちらに向けている。その佇まいと視線には意志の強さのようなものを感じる。そうかと思うと森の中へ続く線路を本人が走っている写真や壁画の前で佇んでいる写真などもあり、個性的な雰囲気が漂ってきた。

　初回メッセージも短いながら味わい深いポジティブさがあった。

《南米を周りながら彼女さがしとは！　いいね！　どうか楽しん

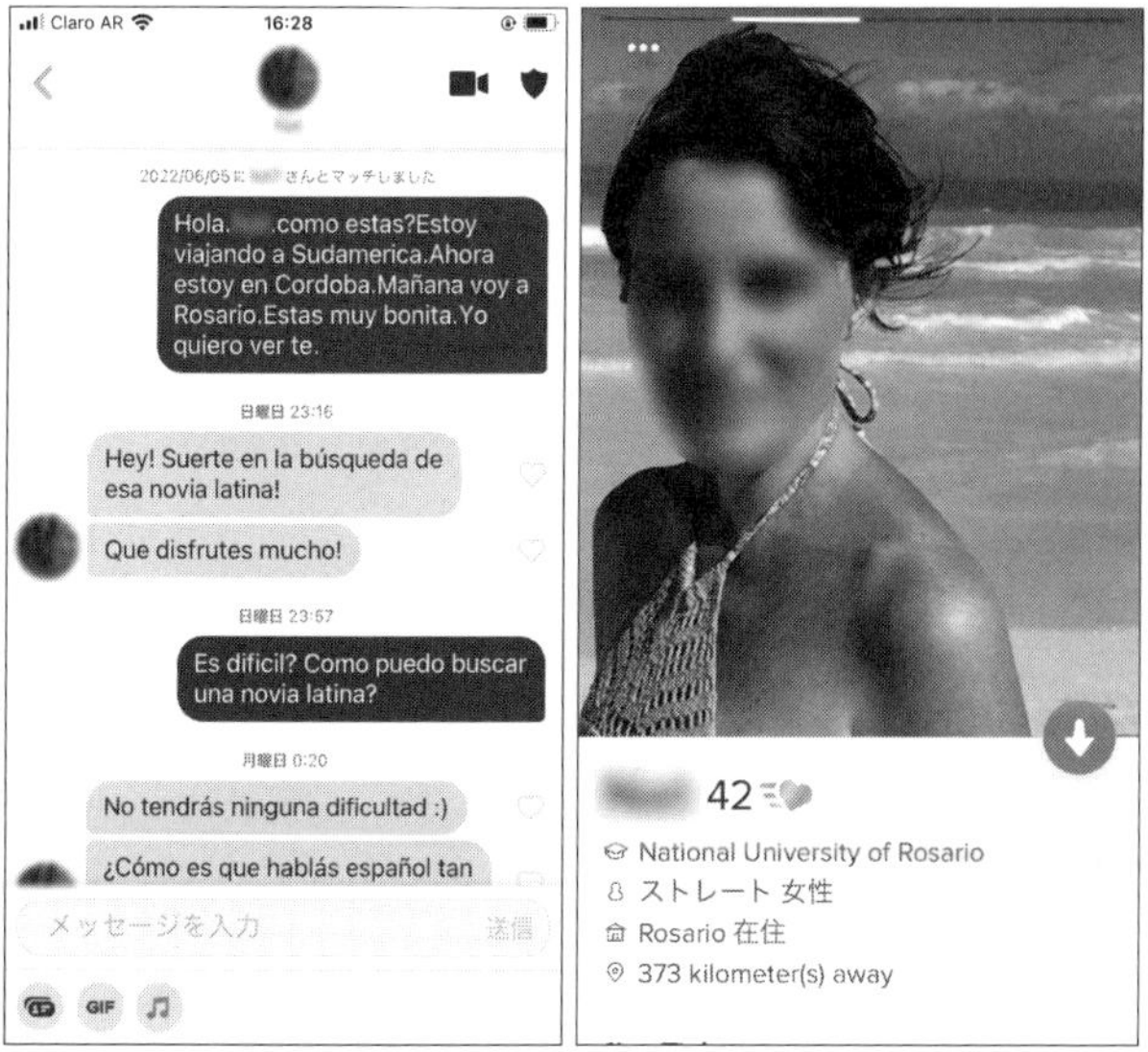

ロサリオでマッチングした42歳の女性

で！》
僕はロサリオでオススメのカフェを尋ねた。1日置いて返信がきた。
《良いカフェは見つかった？》
こちらが尋ねたのに逆に聞いてくるとは。
《それがまだ見つからないんだ。一緒に探そうよ。明日か明後日は時間ある？》
そこから一気に展開し始めた。
《いいカフェ知ってるよ！　明日ならいいよ！（中略）ワッツアップでやり取りしよう！私の番号は＊＊＊》
ワッツアップとは日本のラインのようなもので、欧米や中南米で普及しているメッセージや音声のアプリである。
舞台をワッツアップに移して数回のやり取りをした翌朝、彼女から届いた意表を突くメッセージに僕は慌てた。
《おはよう！　クラシックコンサートのチケットを手に入れたの。今夜21時に開演よ。一緒にどう？　場所はあなたが滞在しているエリアの近くのシルクロ劇場。コンサートの後

に何か食べよう。私の名前はマルガリータ》

僕はコンサートに行くような着飾った服は持っていない。急いで「シルクロ劇場」をスマホで検索すると、予想通り立派な劇場だった。バックパッカースタイルの僕が行けば浮いてしまうだろう。そもそもクラシックに興味はないし、21時スタートというのも引っかかる。なるべく昼間に会いたい。だが――。

そんなことを言っていたらチャンスを逃してしまうだろう。コルドバのホステルのようにスマホで入口の

Claro AR
13:15
最終接続: 今日13:14
Genial! 13:06
Te busco en la puerta del teatro 20.50, querés? 13:09
自分
Despues vamo a comer argo,
Sí! Y ahí charlamos un poco 13:09
Un abrazo! 13:09
PD: no salgo con celular así que ya quedamos así. 13:09
De auerdo.yo te espero delante de la puerta.Un abrazo! 13:13
Dale Toyoo 13:13
13:14
Claro AR
13:15
最終接続: 今日13:14
Buen día! 12:35
Tengo dos entradas para ir a ver la Orquesta Sinfónica a las 21 hoy. Querés ir? Podés? 12:36
Es cerca de donde estás parando, Laprida y Mendoza. 12:36
(Teatro El Círculo) 12:36
Podemos ir a comer algo después. 12:37
Mi nombre es 12:37
Hola! Parece bien.De acuerdo.Hoy voy a Teatro El Circulo, poco antes de las 21:00. 13:07
Despues vamo a comer argo, 13:08
Genial! 13:08
Te busco en la puerta del teatro

マルガリータとのワッツアップのやり取り

施錠を解除する方法と違い、ここではウォード錠の鍵を持たされているから深夜に帰宅しても入口であたふたすることはない。アルゼンチンで使用可能なスマホのシムカードも手に入れたから万が一、道に迷ってもグーグルマップを使える。準備は整っていた。なによりマルガリータと名乗る女性に興味があった。僕は思い切ってすぐに返事を出した。
《やあマルガリータ。それはいいね。了解。今夜21時少し前にシルクロ劇場の扉の前にいるようにするよ》
返事はすぐに来た。
《素晴らしい！　あなたを探すから、20時50分に劇場の扉の前にいてね。（中略）私はスマホを持っていかないからよろしくね》
おそらく人混みで擦られるリスクがあるのだろう。僕は念を押すように扉の前にいると伝えると、《来てね、トヨオ》の後にキスマースがついていて、一人でニヤけてしまった。はたして彼女は本当に来てくれるだろうか。
僕は服装を迷った。いや、迷いようがない。アディダスのジャージとワークマンのカーゴパンツしかないのだ。一瞬、ジャケットを買おうかとも思ったが、取り繕ってもいつかは地金が出る。自然体で行こうと決めて、まずは劇場を下見に行くことにした。

シルクロ劇場へ

人口約110万人のロサリオはゲバラとサッカー界のレジェンド、リオネル・メッシの生まれた街である。中心街の複数の公園では冬越しのジャカランダの樹木が緑色を失ってうなだれていたが、12月になれば鮮やかな紫色を染めていくだろう。人々はその下をコートの襟元を立てて足早に歩いている。真冬なのにあたりの外気は湿り気を帯びて背中には汗が滲んでいる。

この日、ロサリオの一部地域では下水道

ロサリオの市街地

の汚水が溢れ、数軒の家に入り込んでいるというニュースが話題になっていた。が、「ハイ・ホステル」から「シルクロ劇場」までの道のりにそのような痕跡はない。直線距離にして1キロぐらいだろうか。劇場は1904年創設の1500人収容。その昔はオペラ劇場として首都ブエノスアイレスのそれを凌ぐほどだったという。

帰りは深夜になるだろうからタクシーを使うつもりだった。が、捕まらずやむを得ず徒歩になったときのために僕は帰路の風景を頭に叩き込んだ。ロサリオや先日まで滞在したコルドバはブエノスアイレスに比べれば治安は全然良いと言う人がいるが、ここは南米である。油断はできなかった。

「シルクロ劇場」に到着したのは20時40分頃だった。すでに長蛇の列ができていた。人々の服装はカジュアルでほっとしたが、この人混みでマルガリータに会えるのか心配だった。彼女はスマホを置いてくると言っていたのだ。

じりじりと時間だけが過ぎていく。20時50分が過ぎて、55分も過ぎようとしていた。大勢が劇場に吸い込まれて入口に人の姿はまばらになってきた。暖色系の街灯が寂しげな影を落とし始めた。

　そのとき、遠くの女性と目が合った。僕は寒さを忘れた。ショートカットに猫科の目が涼しげに笑った。赤と白の厚手の毛糸タイツに、黒のダッフルコートを着ている。彼女は僕に近づくと腕を組んで頬にキスをしてきた。

「やあ、トヨオ。来てくれたんだね。すぐに分かったわ。私ね、本当はクラシック音楽が好きじゃないの」

　そう言って、声を上げて笑ったのだった。

嗜好が似ているマルガリータ

　マルガリータは姉御肌の江戸っ子タイプだった。「ティ

上／シルクロ劇場の外観
下／劇場内

ンダー」の写真通りか、それ以上の美人だった。

「チケット2枚、もらっていたの。クラシックは本当は好きじゃないけど、初デートとしては無難だと思ったの。あなたは興味あるの？」

僕は首を横に振った。彼女が本当に好きな音楽はラテンアメリカのポップミュージックで、メキシコ育ちの女性シンガー、フリエッタ・ベネガスやウルグアイ人の男性歌手、ホルヘ・ドレクスレルなどだという。

彼女は僕の顔をまじまじと見ながら後者の歌手を知らないのかと眉をひそめた。

「あなた、ティンダーのプロフィールに『モーターサイクル・ダイアリーズ』のルートを追いかけるって書いてたよね。彼の曲は映画の中で使われているのよ。《河を渡って》という曲。私もね、あの映画や本が好きなの。若い頃、南米を旅したこともあるんだよ。さあ、まずは中へ行きましょう。話はあとで」

どうりでマッチングしたわけである。

僕らは最上階の5階に座った。照明が消えた。ブエノスアイレス出身の指揮者ニコラス・カプスティアンスキー率いる50人ほどのロサリオ交響楽団の演奏が始まった。ヨハネス・ブラームスの曲だった。

1時間ほどで終わると、彼女は僕に何を食べたいかと聞いてきた。

「ロサリオで有名な料理はあるの？」

「あるよ。カリートっていうの。それがあるお店に行こうか」

劇場から歩いて10分ほどでお洒落なレストランがずらりと並ぶ「カルロス・ペジェグリニ通り」に出た。僕らは通り沿いのダイニングバーに入った。天井が高く、アップテンポのラテンミュージックが流れている。

お酒があまり好きではない、という点でも一致して、僕はコカ・コーラ、彼女はレモネードで乾杯した。客層が若く、2カ所で誕生会のようなことをしていた。

「ゲバラの何が好きなの？」

「今日は木曜だけど、この街で木曜はもう週末よ。さて、トヨオ、あなたはなぜ『モーターサイクル・ダイアリーズ』のルートに興味があるの。きちんと説明してみて」

僕は簡潔に述べた。

「ゲバラはアルゼンチン人なのに、どうしてキューバ革命に参加したのか分からないんだ。そのヒントが『モーターサイクル・ダイアリーズ』にあるような気がした。この旅でゲバラは南米の現実を目の当たりにして社会改革に目覚めたらしいからね。今年でちょうど70周年なんだ。当時と風景は大きく違うだろうけど、見てみたいんだ」

彼女は頷いて微笑んだ。

「それはいい経験になるね。私は以前、アルゼンチンの貧困層の支援などのプロジェクトに関わっていたことがあるの。国内のいろんなところに行ったことがある。アルゼンチンでは今も昔も色んな問題がある。でもね……、ゲバラはどうして生まれ育ったアルゼンチンを改革しなかったの？　母国には何の貢献をしたの？　そういう論調があって、あまり評価されていないと思う。日本では有名なの？」

ロサリオで生まれ育ったマルガリータの本業は英会話学校の英語教師である。

「ゲバラについて書かれた本や雑誌の特集もたくさんある。キューバ革命の象徴的存在として有名だ。ゲバラのTシャツを街で着ている日本人もたまにいる。アルゼンチンの教科書にゲバラは出てくるんだろうか？　マルガリータは子供時代に社会の授業とかでゲバラについて習ったの?」

「私の記憶ではないね。今はどうかわからないけど、そもそもそういう存在じゃないと思う。アルゼンチン以外で騒いでいるという感じかな。あなたはゲバラの何が好きなの?具体的に教えて」

僕は言葉に詰まった。ゲバラの『革命戦争の旅』を読むと、ゲリラ戦の計画や部隊のルール作りがしっかり構築されていることに驚く。現代のマネジメントにも通用する名著だと思う。

だがそれ以上にゲバラの存在がくすぐるのは、僕の大学の卒業論文のテーマが『全共闘はなぜ敗北したのか』だったことと無縁ではない。僕がゲバラの名を初めて知ったのは大学4年の卒業論文執筆のときだ。全共闘運動——すなわち1960年代後半の学生運動に従事した学生たちが影響を受けた本や映画や音楽に触れているときだ。彼らのヒーローがレーニンや毛沢東やゲバラだと知って読み始めた。

《第二、第三の、そして無数のベトナムを——》

ゲバラの有名な言葉で、全共闘のスローガンとしても使われていた。学費値上げ反対や大学の管理運営の問題、70年安保やベトナム戦争反対などが一緒くたになった全共闘運動の中で、この言葉は無党派層の学生たちに響いたのではないか。

全共闘を語るうえでベトナム戦争は欠かせない。

大国のアメリカが、アジアのどこにあるかも分からない小国ベトナムを攻撃している。強者が弱者を叩いている。ベトナムはそれを撥ね除けようと必死の抵抗を続けている。「ベトナム頑張れ!」。こんな心境だった無党派層の若者たちの心に、この言葉はすうっと入り込んできたのではないか。インドシナの共産化を恐れたアメリカは、南北で分断していたベトナムの南ベトナムを支援し、1965年2月から北ベトナムへの空爆を開始した。本格的な軍事介入が始まっていたのである。

もっとも、卒業論文執筆当時、僕はまだ中南米に興味はなく、僕がゲバラに抱いた印象は、「外国人がよその国の革命になぜ首を突っ込んでいるのか」という点だった。それが長年、しこりのようになっていた。その答えが無名時代、それも『モーターサイクル・ダイアリーズ』にあるような気がしていたのである。

そして何より、黒のベレー帽を被り、葉巻を吸っている姿。医学部出身。『モーターサ

ロサリオの名物料理カリート

イクル・ダイアリーズ』の颯爽とした感じ。それらの外形的なスペックもとびっきり格好良かったのだ。

それらをうまく説明できずにいると、カリートが来た。かりっと上げたサンドイッチのようなものだ。フライドポテトもついている。

「ジャガイモ、タマネギ、ピーマン、チーズがたっぷり入っているわ。私はベジタリアンだから今日は肉類を抜いてもらっているけど、これは、昔、ロサリオ在住のカルロスという調理人が発案したことから名前をとって《カリート》と呼ばれているの」

それからマルガリータは日本の話を聞い

てきた。コロナ禍のこと。仕事のこと。出身地のこと。家族のこと。マルガリータは聞き上手で、気が付くと0時の閉店時間になっていた。ふと、マルガリータのことは何も聞いていないことに気付いた。僕は名残惜しかった。明日にはブエノスアイレスに向かう予定だったが、しばらくここにいようかと思い始めていた。

「明日、何時に出発なの？」とマルガリータ。

「14時発だけど、もう少しロサリオに滞在しようかと思っている」

「どうして？」

僕は意を決した。

「マルガリータがいるから」

彼女の表情が一瞬、曇った。

「ダメよ。『モーターサイクル・ダイアリーズ』のルートを貫徹してベネズエラまで行ってきなさい。そのために南米に来たんでしょ。最後までやり遂げたら戻っておいで」

薄暗い店内に、彼女の蠱惑的な表情が浮かんでいた。

マルガリータ（右）と筆者

ゲバラの母校と、
卒業生とのマッチング。

3.　ブエノスアイレス

チェ・ゲバラの母校にて

6月14日はチェ・ゲバラの誕生日である。存命であれば94歳。コロナ禍の世界を、そしてロシアによるウクライナ侵攻をどう見ただろうか——。

この日、アルゼンチン主要紙の「クラリン」、「ラ・ナシオン」、「ラ・プレンサ」、「パヒナ12」の本紙はいずれも一面でブエノスアイレスのエセイサ国際空港に到着した奇妙なボーイングのことを報じていた。

ベネズエラの貨物用ボーイングがブエノスアイレス経由でウルグアイに向かう予定だったが、「その飛行機にはテロリストが乗っている可能性がある」とウルグアイが入国を拒否。ボーイングはやむを得ずブエノスアイレスのエセイサ国際空港に戻ったものの、乗組員の複数のベネズエラ人とイラン人が拘束されて話題になっていた。

ゲバラ生誕100周年ならいざ知らず、94歳という区切りのせいか、主要紙の本紙にゲバラのゲの字もなく、「パヒナ12」などがWEB版でゲバラの半生を少し振り返っていた程度である。

ゲバラの母校、南米最高峰の国立ブエノスアイレス大学医学部に行ってみた。1822年創設、3万人収容のキャンパスである。年季の入った建物は垂直的で思わず見上げてしまうほどだ。ゲバラは在学中に『モーターサイクル・ダイアリーズ』の旅に出ている。1951年12月、今からおよそ70年前にコルドバで旅を発案し、ブエノスアイレスを経由して北上、ベネズエラの首都カラカスで終えている。その1万2千キロのルートを、今まさに僕は辿っているのである。

建物の前で学生たちに聞いた。「チェ・ゲバラはここの卒業生ですか?」と。

1人目：赤い髪のお洒落な女子学生。

「……たぶん、そうだと思います」

2人目：可愛い眼鏡のインテリ風女子学生。

「えっ?　チェ・ゲバラってあのキューバの?　うちの卒業生なんですか?　本当ですか!?」

3、4人目：少し大人びたカップル。

「チェは医学部じゃなくて、この目の前の建物の経済学部の出身よ」と女。

「いや、ロサリオの大学じゃないのか？」と男。

5人目：ナース服のようなものを着た女性。

「そうよ、ここの出身よ。ただ、この建物が当時からあったかどうかは分からない」

6人目：背の高いニキビ顔の男子学生。

「違うと思います。そもそもチェ・ゲバラはキューバ人では!?」

7人目：老夫婦。

「ゲバラはうちの卒業生じゃない。私はここのOBだよ。彼はコルドバかロサリオの大学

上／国立ブエノスアイレス大学医学部
下／校内の学食

の出身だ」と男。

「そうかしら。私もＯＧだけど、チェはうちの出身だと思うけど……。どうだったかしら……。あなた、ここの大学は誰でも中に入れるのよ。中の事務局で聞いてみたら」と女。

彼女の言うとおり、建物にはガードマンらしき人物がおらず、ノーチェックで入れた。きょろきょろしながら歩いていると、赤毛の中年女性に呼び止められた。

「あなた、迷ったの？　何を探しているの？」

大学の事務員だった。来意を告げると、すぐに答えてくれた。

「そうよ、ゲバラはここの卒業生よ。間違いないわ。この建物で勉強している。同時期にはモルガン医学博士もいました」

モルガン医学博士のことは知らないが、アルゼンチンでは相当有名なのだろう。彼女はほかにも医学博士や政治家などのＯＢ・ＯＧの名を多数上げてくれた。ゲバラより、それらの人物のほうが重要だと言いたげな口ぶりだった。いや、おそらくそうなのだろう。

アルゼンチンサッカー界の英雄ディエゴ・マラドーナも著書『マラドーナ自伝』の中でこう述べている。

《僕らの国には（中略）チェ・ゲバラを弁護する人はとても少ない。本当に少ないんだ！彼のことを知らない人だっているのだから（中略）殺人者で、悪者のテロリストで、学校に爆弾をしかけた革命者（中略）それが僕の習った歴史だった》

学生たちの反応からも何となくうかがえるが、ゲバラは祖国アルゼンチンではあまり評価されていないのかもしれない。

事務員の女性は、好きなだけ館内を見て行きなさいと言った。アルゼンチンの大学の学費は無料で中南米から多くの学生たちがやってくるゆえに、オープンなのだろう。

ところで、ブエノスアイレスでの「ティンダー」の成果はイマイチだった。毎日100件ほどハートマークの「Like」ボタン押しているが、マッチングしない。

ブエノスアイレス市は人口約1300万人で48区に分けられている。人口も規模も多すぎるせいか、意外と難しいのかもしれない。4日経っても一人ともマッチングせずそろそろ次の街へ行く計画を立て始めた矢先、ようやくマッチングしてメッセージのやり取りが始まった。

お相手は、国立ブエノスアイレス大学経済学部出身の美人会計士だった。

週末の約束をとりつける

マッチングしてすぐに、メッセージのやり取りが始まった。

ナタリアのプロフィールは簡潔だ。40歳、独身、会計士、趣味は映画鑑賞と散歩とある。鏡の前で自撮りした表情ははにかみ、年齢より若く見える。のちにゲバラの母校、国立ブエノスアイレス経済学部の出身だと分かる。

僕はプロフィールにブエノスアイレス滞在は6／14までと記していた。ナタリアは初回のメッセージでその点についていきなり突っ込んできた。

ブエノスアイレスでマッチングした会計士のナタリア

「どうもぉぉぉ！　あなた15日からブエノスアイレスを離れるの？　もしかして、私に会わずに行っちゃうつもり？」

ノリが良さそうだ。写真の雰囲気もいい。会ってみたい。ブエノスアイレスを出るつもりでいたが、会えそうなら日程を延ばしてみるのもやぶさかではなかった。

延期が悪くない理由はほかにもあった。持病の気管支喘息の発作が始まってしまったのだ。中南米にはこれまで足かけ5年近く滞在しているが、発作が起きた記憶はない。日本で季節の変わり目などにときどき起こる。お守り代わりに念のため吸入器と飲み薬を持っていたのは良かったが、2週間は咳が続くだろう。空気のよい場所に移るか、逆に、ブエノスアイレスで休むか、どちらか迷っていたところだった。

滞在中の「チェ・フアン・ホステル」という一泊12ドルほどの安宿も居心地が良かった。一日に何回も清掃に入る清潔さにくわえて、タンゴの無料レッスンなど常に何かしらのイベントがあり賑やかだった。

僕はここに滞在しながら療養を兼ねて日程を延期することに決めた。彼女にメッセージを送った。

《僕は君を待つよ。今週いっぱいはいるようにする》
すぐに返信がきた。
《いいね、一緒にカフェに行こう》
すかさず返す。
《行こう！　いつにする？》
《金曜日は？》
今日は火曜日だった。よく考えたら、僕は無職だからいつでも会える。だが勤め人はやはり週末のほうがいいに決まっている。
《金曜日、空いてるよ！》
こうしてテンポよく約束をとりつけたのだった。

ブエノスアイレスは鬼門？

ブエノスアイレスには苦い思い出がある。

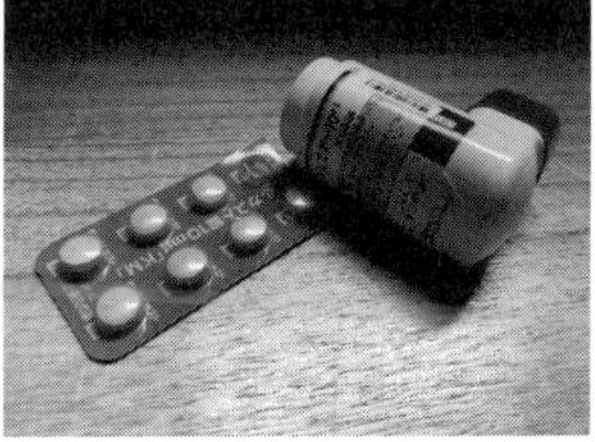

右／筆者持参の喘息用の薬
左／筆者滞在の「チェ・フアン・ホステル」

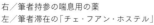

2010年12月。初めてアルゼンチンの地に降り立った僕は市内のボカ地区を歩いていた。アルゼンチンサッカー一部リーグの名門「ボカ・ジュニオルス」のスタジアムを見るためだった。

その日はよく晴れていた。スタジアムへ連なる道路にはジャカランダの樹木が等間隔に植えてあり雲ひとつない空と溶け合っていた。スタジアムが住宅密集地に汲々と建っているのが少し先に見えている。試合がない平日の日中のせいか、人の気配がなかった。

僕はスタジアム手前の歩道を歩いている。歩道と車道を分ける青い柵がある。試合の日は長蛇の列が出来るためしっかり区分けされているのだろう。ふと前方に視線を移すと、こちらに向かって歩いてきている少年二人組と目が合った。12〜13歳ぐらいだろうか。

二人は僕に向かってにこりと微笑んだ。そして、すれ違いざまに「こんにちは」と元気よく声を張り上げてきた。その直後だった。肩から斜めにかけていた僕の黒のショルダーバッグが強引に引っ張られた。あっ、と思いながらよろけた次の瞬間、少年の体が踊るように動いた。右拳の甲にきらりと光るものが見えた。

脳天が悲鳴を上げた。僕はもんどりを打ってうしろに倒れた。意識はもうろうとしてい

2010年に筆者が襲われたボカ地区の路上

たが、ショルダーバッグが首から外されたことだけは確認できた。僕は倒れたまま首だけ横に向けた。脱兎のごとく駆けて行く彼らのうしろ姿が見えた。
パスポートは宿に置いていたので無事だったが、バックの中の一眼レフカメラと100ドルほどの現金が奪われてしまった。しばらくして近所の交番に行くと、買い物袋をぶら下げた地元のおばさんも被害に遭っていた。あとで分かったことだが、このあたりは治安の悪いエリアで有名だった。『地球の歩き方』にもそう書いてあるらしいのだが、コロンビア留学を終えて「俺は南米に強い」と過信してチェックしていなかったのである。

美人会計士に会えば、あの苦い思い出が払拭されるのではないか。そんな気がした。

彼女とはそれから毎日2、3回はメッセージのやり取りをした。ナタリアはアルゼンチンサッカー一部の名門「リーベル・プレート」のファンだった。南米のサッカー好きの僕としてはこれ以上ない相手だった。いやがおうでもメッセージも盛り上がる。あとは約束の金曜日を待つだけだった。僕は床屋で髪を切り、髭をそり、爪まで切りそろえた。相手は才色兼備の会計士だ。僕は会計士用語のスペイン語までいくつか頭に叩き込んだ。

ところが――。前夜の20時頃に「明日は何時に会おうか？」とメッセージをした後から雲行きが怪しくなった。いつもメッセージのレスポンスが早い彼女から結局、その日に返事はなく、3時間後ぐらいに「明日待ってるよ。僕のワッツアップの番号はこれだよ」と念を押したものの返事はなかった。

これはすっぽかされたな、と気づきながらも次の日、一縷の望みを託して「今日はどうする？」とメッセージを送ったものの返信はなかった。

僕は喘息の咳を悪化させながらブエノスアイレスを後にした。

それぞれの、
いくつかの「旅の理由」。

4.　ネコチェア〜バリローチェ

人口約9万人のリゾート地

僕を乗せた高速バスはブエノスアイレスを出発した。日本でいえばさしずめ東京から静岡方面へ向かう感覚でネコチェアという街に向かっている。

二人掛けシートの隣席に座る中年女性が途中で席を移ったのは、僕がしきりに咳ばかりしているせいだろうか。せっかくの旅を台無しにしたくなかった。僕は吸入器を使ったり飴を舐めたりしながらどうにかやり過ごしている。窓の外には冬枯れの雑草や低木が続く殺風景な景色が広がっている。

バス代には驚いた。7千円弱だった。東京から広島まで行けてしまう。10年前、陸路で南米を1周したときはそこまで高いと感じた記憶がないだけに、円安と物価高の影響だろうか。ブエノスアイレスのレストランで普通にランチをとれば1千円を軽く超えてしまう。

ところで、これまでコルドバ、ロサリオ、ブエノスアイレスとアルゼンチンの三大都市を移動してきたが、ブラジル人の旅行者や移住者が多いことに驚いた。街角に立つ両替商の声掛けが「ドル、ユーロ」、そしてブラジル通貨の「レアル」なのである。レストランには、ポルトガル語のメニューを用意している店もあるほどだった。

ネコチェアの市街地

アルゼンチン国内に住むブラジル人は2005年は3万7604人だったのに対して、2017年は5万6211人と1・4倍近い（統計サイト「datosmacro」）。ブラジルニュースサイト「R7」（2018年11月5日）では、2017年には8万4750人になったといわれている。その理由として、アルゼンチンの大学の学費が無料ゆえに学位目当ての留学生が増えたことを上げていた。なかでも医学部が人気なようだ。

話は逸れたが、いずれにしても日本で生活しているほうが安あがりな気がしてしまう。終着点のベネズエラまで当初は4、5カ月とのんびり構えていたが、このぶんだと3カ月ぐらいになりそうな気がしている。そんなことを感じながら6時間ほどで人口約9万人の小規模な海岸リゾート地のネコチェアに着いた。

ゲバラの原風景にふれたい

ゲバラとアルベルト――アルベルトは旅の同行者でアルゼンチン人の親友である。国立コルドバ大学出身の理学修士で、ハンセン病の療養施設を辞めていた。ときにゲバラ23歳、アルベルト29歳――。二人はこの地でアルベルトの友人宅で持てなされたものの、ゲバラは家の妻女に愛想を尽かされている。

《あなたはあと1年で大学を卒業できるのに、旅に出るんですって？　それでいつ戻るか分からないだなんて！　でも、いったいどうしてなんですの？》

アルゼンチンの名門、国立ブエノスアイレス大学医学部の卒業を待たずに南米の旅に出るなんて狂気の沙汰と思われたのだろう。だがゲバラは旅の理由をはっきり答えられなかった。2年ほど前に自転車にエンジンを搭載してアルゼンチン北部を旅していたゲバラにとって、理由と言われても困ったのだろう。まだ見ぬ世界を知りたいという未知への憧れとしか言いようがなかったのではないか。

旅の理由――。僕がこの旅に出たのは、『モーターサイクル・ダイアリーズ』時代のゲバラの原風景に接することと、そのルートを辿りながらマッチングアプリを使って婚活することであることはすでに述べた。マッチングアプリは実は日本でも利用経験があった。開始して1カ月ほどで出会った素敵な女性と付き合い、半年後ぐらいに同棲した。スマホのアプリを使って、こんなにトントン拍子に事が運ぶことにひどく驚いた。

だが別れも早かった。当時、僕はビルメンテナンス会社の清掃部門のエリアマネージャーだった。朝が早く4時半起きで5時には家を出ていた。一方、彼女は週2～3で飲食店に勤めるフリーターで夜型生活だった。ちょうど寝入り端の4時半ぐらいに大音量の目覚まし時計とスマホのアラームがけたたましく鳴り響くのである。

あるとき、朝からその件で揉めた。カッとなった僕は目覚まし時計を勢いよく投げつけた。当てるつもりはなかったのに、あろうことか彼女の顔にヒットしてしまった。のみならず、家賃や生活費の大半は僕が見ていたことを持ち出して「俺が面倒を見てやってるくせに」と罵声を浴びせた。それが原因となり、後日、彼女は家を出ていった。もちろん、悪いのは僕なのだが。

このまま結婚するだろうと勝手に思っていただけに、マッチングアプリというと、彼女との良い思い出と後悔とが入り交じり、後味が悪いのである。僕はこの旅を利用して、実はマッチングアプリの思い出を上書きしようとしているのかもしれない。

だが、その企画にも早速、陰りが見え始めた。喘息の咳がしだいにひどくなってきた。ネコチェアに着いても、ほとんど宿のベッドで横になっていた。咳のしすぎで喉と肋骨のあたりが痛んできた。

南米のスイスと言われるチリとの国境に近いバリローチェまで行けば空気も綺麗で、療養しやすいのではいか。そう考えて、バスを乗り継いで雪景色のバリローチェへ向かった。

バリローチェへ

ゲバラたちはバリローチェへ向かう道中、道のりが悪く、二人乗りのバイクは何度も転倒している。ときにはゲバラが運転することもあったが、農地の小屋や駅の小麦納屋で寝泊まりしつつ大雨に見舞われるとゲバラは喘息の発作と高熱を引き起こして病院の緊急センターに運ばれてしまう。

数日後に回復して先を急いだが病院にかかったため二人の手持ち資金は打撃を受けていた。どうにか警察署の空いてる監房に泊まらせてもらったが、特定の囚人がワイン付きの贅沢な食事にありついているのを目撃した。警官が買収されていたのだ。その様子を目撃したゲバラは怒りを抑えた口調でアルベルトに言っている。

《コインにはいつも二面がある（中略）貧しい者の高潔と寛大さとは対照的に、地主や国を支配する者の精神は卑しく、あさましい》

やがてバリローチェが近づいてくると、ぽつぽつと先住民の人たちに会うようになってきた。だが聞けば彼らはこのあたりの出身ではない。隣国のチリからやってきていたのだ。地主による過酷な搾取の影響だった。地主は、アルゼンチン人、ドイツ人、そしてアメリカ人だった。

二人は先住民たちの話に憤りを覚え、悔しがりながらも先を急いだ。ある日、バイクのチェーンが外れた。手で押しながら勾配な牧草地帯を歩いていると、牧場の管理人の好意で泊めてもらえることになった。その際、二人は使用人たちに言われている。このあたりにはチリ産のピューマが出没する、と。

小屋をあてがってもらった二人だが、明け方、相棒のアルベルトは出入り口の扉を引っ掻く爪音と乾いた音で目を覚ました。何とゲバラがスミス・アンド・ウェッソンの銃弾を放っていたのだ。ゲバラはアメリカ最大規模の銃器メーカーのそれを忍ばせながら旅をしていたのである。

《あのピューマをやっつけたぜ》

ゲバラは得意げだったが、朝になり、二人は気付いた。冷たくなっていたのはピューマではなく管理人が家族のように可愛がっている愛犬のフォックステリアだった。

あおくなった二人は牧場を抜け出し、どうにかバリローチェに辿りついたのだった。

僕は高速バスの中で喘息の咳を撒き散らしながらバリローチェに着くと、事前に予約していたホステルに駆け込んだ。だがそこで恐れていたことを言われてしまう。

「あなた、もしかしてコロナなんじゃないの?」

ドミトリーで同室だった中年女性のお客に怪訝な目を向けられた上にそう突っ込まれて

しまったのだった。

南米のスイス

高台に位置するホステルの窓から山々のいただきが白く染まっているのが見えた。アルゼンチン・チリ国境を縦断するアンデス山脈の連峰は厳冬期に入り、人々の自由を奪っている。外は凍るような冷気を孕み、喘息持ちの気管に染みいってくる。

チリとの国境に近いバリローチェは人口約12万人、青々とした空の下に複数の湖を抱え、木造のロッジ風の建物が多い。20世紀初頭にドイツ、イタリア、スイスからの移民を受け入れてきたこともあって南米のスイスと呼ばれるようになった。街にはチョコレート店が溢れ、トレッキングやスキーが盛んなことから南米の観光地のひとつとして知られている。

バスターミナルに近いホステルは高台で景観も良かったが、コロナ疑いの目を向けられ、二段ベッドが三つ置かれたドミトリーでは宿泊客から何度も舌打ちされた。ごほごほと咳ばかりしているから当然だろう。僕は宿泊客の少ないダウンタウンのホステルに移った。

「ライク・キホーテ」という一泊15ドルほどのホステルのドミトリーは宿泊客がいないと

バリローチェのチョコレート店

のことだったが、行ってみると二段ベッドが二つ置かれた部屋にはすでに先客がいた。だが彼はそこに住んでいる若い従業員だった。それも、偶然にも風邪で咳き込んでおり、僕にとってはありがたい環境だった。遠慮せずに思う存分、咳が出来るのだ。しばらくここに滞在しようと決めた。

6月下旬のバリローチェは年間でもっとも寒くもっとも降水量の多い時期である。傘を差しても風が強く用を足さないため、人々は登山用やスキー用のダウンジャケットで雨の中を歩く。僕は1万5千円ほどのダウンジャケットを買った。日本を出発し

筆者滞在のホステル「ライク・キホーテ」

たのが5月下旬。アルゼンチン内陸部のコルドバから旅をスタートさせ南下してブエノスアイレスへ。そこから太平洋に沿うようにチリとの国境付近までやってきたが、ここが一番寒く、日中でもダウンジャケットがないと外に出る気力がなくなってしまうほどだった。

マッチングはまるでヒットしなかった。観光地だとよそ者が多く警戒されるのかもしれない。この時期、アルゼンチンは冬休みゆえに国内各地からスキー目的の観光客が目立っていた。

ゲバラと喘息

ところで、バリローチェに着いたゲバラは、コルドバ在住のガールフレンドで貴族の娘、チチーナから郵便局で手紙を受け取っている。ゲバラがバリローチェに着いたのは2月で年間のなかでも暑い時期のはずだが、その暑さも忘れてうなだれたに違いない。

それは、ほんの短い間の付き合いだったが、別れを告げる内容だった。この旅の出発の頃に二人は結ばれてもいるのだが、旅に出ていつ戻ってくるかも分からない男に愛想をつかしたのだろう。

だが、この別れが結果、のちのキューバ革命の英雄チェ・ゲバラをつくることになる。そうでなければゲバラはこの旅のあとアルゼンチンに戻り大学を卒業して彼女と暮らしていた可能性が高いのだから……。

なお、ゲバラたちは「ポデローサ2号」と名付けた500ccのバイクでコルドバを出発し、駅舎や農家の軒下にテントを張ったり野宿をしたり一宿一飯の恩義を受けながら旅をしているが、季節が夏だからこそできた旅であることを付記しておきたい。

それにしても、僕の喘息は一向に治まらなかった。ロサリオで違和を感じ、ブエノスアイレスで発作が始まった。思えば、ゲバラも喘息持ちだった。ゲバラは2歳のときに川で水浴びしたのが影響したらしく気管支喘息に罹った。

一家はゲバラのために住まいを転々として喘息を和らげる環境を求めた。そうして居着いたのがコルドバの郊外である。余談だがそこに落ち着くまで転々とした場所を僕も通っているがいずれも高湿度で喘息持ちには良くない場所ばかりだった。僕の喘息の発作の引き金もまさにロサリオ周辺だった。喘息だけでなく病気がちな人たちにとって暮らしにくい自然環境なのかもしれない。

ゲバラはなぜ旅に出るようになったのか。また後年、母国への帰属意識が希薄になり彷徨うようになったのか。それは、思想とかイデオロギー以上に、喘息からの脱却を求めて常に新天地をさがしていたゆえの結果ではないかと思えてならない。ゲバラと喘息は切っても切り離せない関係なのだ。

温かなスープのために

そんなことを思いながら、僕は肌を切り裂くような寒さのバリローチェで温かな食べ物

アルゼンチンの大衆料理ミラネサ

を欲していた。アルゼンチンには北部地方にロクロというスープ料理はあるもののほかでは一般的ではない。いくつかレストランを回ったがなかった。

アルゼンチンに入国して以来、パン食が多かった。日本の食パンのようなものとチーズとハムを持ち歩き、朝と晩はそれで昼は外食、もしくは、ホステルでパスタを茹でるかのどちらかのパターンだった。外食は主にミラネサと呼ばれるカツレツとフライドポテトとサラダのアルゼンチンの一般大衆メニューが多かった。

10年以上前に南米を1周して僕は知っていた。すぐ目と鼻の先のチリには海鮮スープ料理が豊富なことを。温かなスープ料理を食べれば喘息の体も落ち着くのではないか。勝手にそう解釈した。そう思うと僕はいてもたってもいられずチリ入国の準備を始めた。

２０２２年６月末時点、チリへの入国条件は、(1)コロナ宣誓書の提出と(2)コロナに罹患した場合に対応できる海外旅行保険への加入、それも保険金額３００万円以上（英文もしくはスペイン語）が必須条件で、任意として(3)Pase de Movilidad（パセ・デ・モビリダ）への登録がある。

(1)と(2)は準備できていた。(3)はチリ国内の通行許可書のようなもので、チリ保健所管轄のＷｅｂサイトに氏名や生年月日などの基本情報を入力したうえでパスポートと本人の顔写真を送る。これが第一段階で、第二段階として日本で発行したワクチンパスポートなどコロナ関係の情報と添付物を送る。

任意とはいえ僕はしっかり手続きしたうえで入国したかった。ところが――。第一段階の申請ではねられてしまった。言語を日本語にも選べるのだが、日本語バージョンにしてみると、《拒否されました》と表示される。理由は分からなかったが、申請してから結果が出るのに4営業日を要している。再申請したが、待つのも面倒だった。早く温かな海鮮

バリローチェから望むチリとの国境方面

スープ料理が食べたい。任意だし入国してしまおう――。だがこの決断がのちのち重くのしかかってくることになるとは、このときは知るよしもなかった。

バリローチェを出発したゲバラたちは国境でエメラルドのような美しい湖で水浴びをし、山々のいただきに見とれた。チチーナからの別れの手紙に打ちのめされたゲバラはしかし、輝くような景色に見とれながら何かをふっきるように税関を越えて行った。

特別移動許可証に
翻弄される日々。

5.　バルディビア～サンティアゴ

チリ入管という壁

チリ入国管理局の若い男性職員は僕のパスポートを一通りチェックすると固い視線を向けてきた。コロナ絡みの入国条件の書類はすべて揃っている。入国後に最初に宿泊する宿も押さえてある。問題はないはずだ。

「2019年にベネズエラに何度も入国しているのはなぜだ？　あとで詳しく話を聞こう」

コロナ関係ではなく、よもやそこで引っかかるとは。僕は溜め息をつきながらうしろに控える10人ほどの最後尾に並び、再び順番を待った。

大粒の冷たい雨が朝の9時を回ったばかりのチリ入国管理局「サモレ」事務所のトタン屋根を叩き付けている。チリ全国に陸路の入国管理局は40カ所あり、一般の外国人の往来は22カ所が開通（2022年6月末時点）していた。

20分ほどで順番が来た。

「ベネズエラに行った理由は？　家族がいるのか？」

近年ベネズエラは国家破綻寸前と言われ、500万人とも600万人とも言われる人々が国外に出国し、南米各地で不法越境が問題視されていた。そんななか、日本人が好き好

チリ入国管理局「サモレ」事務所の周辺

んで同じ年に3度も入国していることに猜疑心を抱いたのだろう。

「ベネズエラ人の彼女に会うためです。国外に連れ出そうとしたがうまくいかなかった」

「彼女の名前と住所は？」

僕は待ち時間を利用してベネズエラで滞在した住所をスマホから探し出していた。名前は適当に偽名を使った。職員は渋々納得するとチリでの滞在先や目的を尋ね、ようやくパスポートに入国スタンプを押してくれた。

彼女なんていなかった。本当は取材目的だった。

バルディビアの市街地

　このときの体験はのちに『混迷の国ベネズエラ潜入記』という本になっている。
　僕はこれまで中南米を14カ国ほど回っているが、「取材です。本を書くためです」などと体のいいことを言っても「プレスカードを出せ」と突っ込まれてややこしくなるのが関の山だった。フリーランスの僕の立場ではそういうものは取得できない。家族や恋人に会うためと伝えるのがてっとり早いのだ。
　僕は再びバスに乗り込んで、チリの最初の大きな街オソルノ経由でチリ中部の太平洋沿岸の小都市バルディビアに向かった。

温かなスープ料理

人口約17万人のバルディビアは日中だというのに灰色じみた街だった。聞けば1年のうちに300日余りが雨なのだという。チリが元宗主国のスペインから独立したのは1818年だが、バルディビアを含む周辺の州は発展のために1850年から延べ6千人ほどのドイツ移民を受け入れている。

その名残が今も至るところにあり、ドイツの代名詞であるビールがここでも有名なのである。近年の人気銘柄は「クエジョ・ネグロ」という黒ビール。近郊の島へ行くツアーも盛んで海辺には野生のオタリアもいることからバルディアビアは観光地としても知られていた。

一泊2千円ほどの「カサ・キラ・ホステル」という宿に腰を落ちつけた。小都市のホステルにしては珍しく二段ベッドの上下にカーテンがついている。ダウンタウンにも近く立地も良かった。

マッチングアプリ「ティンダー」の画面を見て驚いた。いつのまにか3人とマッチングしていた。アルゼンチンより明らかに反応がいい。僕は早速返事を返すと、街へ繰り出した。ついに念願のスープ料理だ。

　冷たい風が吹く夕方、ダウンジャケットの襟を立てながら小雨の海岸沿いを歩く。ゲバラたちはここの市場で驚いている。海から上がったばかりの鮮魚や見たこともない農産物

上／バルディビアの地ビールのひとつ「クエジョ・ネグロ」
中／野生のオタリア
下／筆者滞在の「カサ・キラ・ホステル」

……。おもにアルゼンチンの内陸部よりで育ったゲバラにとって異文化との出会いだったろう。

《もう何やら僕らのものとは全く違うものが、何か典型的なアメリカ大陸（筆者注：今日のラテンアメリカ）っぽいものが、感じられた》

僕は大衆店で５００円ほどのカスエラを注文した。チリには「カスエラ」と「ソパ・デ・マリスコス」という代表的なスープ料理が二つある。前者は寄せ鍋的なもので、店によって中身はまちまちだがジャガイモや牛肉や米などが入っている。後者は貝や海老などの海鮮鍋である。

上／スープ料理のカスエラ
下／スープ料理のソパ・デ・マリスコス

久々の温かな料理に体は生き返ったが依然として喘息は治まらなかった。咳は夜から朝にかけてがとくにひどく、咳疲れで喉や肋骨のあたりが痛むほどだった。咳が治まるにはこれまでの経験で2週間〜1カ月ぐらいが必要だった。

そもそも喘息は東京の多摩市に住んでいた大学4年のときに発症した。当時住んでいた鉄骨コンクリート造り築20年ほどの6畳のワンルームマンションで増改築が始まると、シックハウス症候群のような状態に陥った。

おりしも実家の長野の父が癌で倒れ、余命1年の宣告を受けた。そんなストレスもあったのかもしれない。母は僕が10歳のときに病死しており、兄弟姉妹もいない。4年になっても就職活動はしておらず、「文学界」新人賞を獲って作家になると息巻いていたのである。

だが大学の卒業すら危うくなってしまった。父が死んだら一人で生きて行けるだろうか……。そんな不安に駆られる日々だった。

幸い卒業はできて長野の広告制作会社の営業マンとなったが、「文学界」どころではなく父を抱えて働かなくてはならなかった。父が死亡したのは結局社会人2年目のときだった。

気管支喘息と診断された大学4年のときから、1年に一度ないし2年に一度ぐらいの割合で発症していたが、足かけ5年近くの中南米滞在の際は一度も発症したことがなかっただけに今回は意外だったのである。

翌日は地ビールを味見するために中心部のパブに足を運んだ。小綺麗な店内に入ると若い女性店員がすかさず寄ってきた。

「すみません、《pase de movilidad》（パセ・デ・モビリダ）を見せてもらえますか？」

えっ？　pase de movilidad？

ああ……、あの入国に際して任意申請のやつか……。

「いま申請中なんですよ。日本で発行した英文のワクチンパスポートならあります」

「それじゃあダメなんです。外国人の方は《pase de movilidad》が必要です」

そんなに重要だったのか。だが昨日食べたカスエラの大衆食堂では聞かれなかった。

僕は別のパブに行ったが結果は同じだった。近くにマクドナルドがあり入ってみるとやはり同じだ。おそらく法人系の店には入れないのだろう。試しに多くの飲食店に入ってみた結果、露店や個人経営的な大衆食堂、スーパーには入れることが分かった。

僕は《pase de movilidad》の申請に一度落ちてこのときちょうど二度目を申請中だった。それが通れば問題ないだろうと気軽に構えていた数日後、またもや申請にはねられていよいよ焦り始めたのだった。

さらに大きな壁

飲食店の多くで入店を拒否されるようになってくると、まるで自分の存在が否定されているようで落ちつかなかった。すでに述べたようにチリへのコロナ絡みの入国条件は(1)コロナ宣誓書の提出と(2)コロナに罹患した場合に対応できる海外旅行保険への加入が必須条件で、任意として(3)Pase de Movilidad（パセ・デ・モビリダ）への登録がある。

僕はチリに入国していま中部のバルディビアという街にいる。(2)はこの数日でいつのまにか不要になっていたが、それがないと飲食店への入店が拒否されることがある任意加入の(3)Pase de Movilidadとはそもそも何か？

チリのレストランにはPase de Movilidadの取得がないと入店不可の表示もある（上の貼り紙）

《ワクチン接種を証明する特別移動許可証（Pase de movilidad）の取得についても、必須ではないとされている。しかしながら、世界的にもワクチン接種率が高いチリでは、規制緩和計画（Plan Paso a Paso）のもと、国内で不自由なく行動するためには同許可証の提示が求められる場面が多く、チリ政府は、渡航にあたっては同許可証を取得することを強く推奨している》【ジェトロニュース「ビジネス短信」（2022年5月9日）】

《200km以上の公共交通機関による国内移動やレストランを含む屋内施設の利

用にはPase de Movilidadが必要となるところ》がある。【外務省海外安全ホームページ チリ編（令和4年7月14日午前6時更新）外務省】

任意というより、ほぼ必要条件である。チリ入国前に僕は必要を感じて申請したが2度拒否されて現在に至っている。

僕はチリの首都サンティアゴにある保健所のコールセンターに電話をした。アナウンスが流れ、チリへの入国情報関連の2を押す。「ただいま繋がらない状態なので待って下さい」というアナウンスに続き、「Webでの案内はこちらです等々」の説明が流れるが5分ほどで切れてしまう。時間も変えつつこれを何度か繰り返してようやく繋がった。事情を説明すると、甲高い女性の声が告げた。

「おそらく、システムにロックがかかっています。サンティアゴの情報管理センターに行って下さい」

僕は溜め息をついた。どうりで2度も拒否されるわけである。Webでの申請操作中、僕は送れたかどうか分からず同じ操作を繰り返したりしたので、それが悪かったのかもしれない。これは早く解決したほうが良さそうな気がした。

幸いというべきか、ティンダーのほうはマッチングはするがやり取りが続かなかったり、やり取りの最中にマッチングが外されたりしていた。ここから約850キロ先のサンティアゴの情報管理センターでロックを解除し、体制を整えるほうが先決ではないか。マッチングしてデートの約束を取り付けても待ち合わせ場所のカフェに入れないのは笑えない。

だがサンティアゴへ行く前に寄りたい場所があった。

バルディビアからバスで北へ約3時間、チリ中部の人口約30万人のテムコという街である。ゲバラたちはそこでアルゼンチンから来た医者ということで新聞社からインタビューを受けている。その新聞社に行き、『モーターサイクル・ダイアリーズ』のルートを追いかけている僕のことを記事にしてもらおうと思いついたのだ。

テムコはサンティアゴへの途上ということもあり、僕は早速バスで向かった。喘息は相変わらず治まらなかったが、チリの温かなスープ料理が日常的な寒さを忘れさせてくれた。

ゲバラたちがテムコの地方紙「エル・アウストラル」（El Austral）に紹介されたのは

1952年2月19日付である。ゲバラたちは話を盛って自分たちを売り込んでいた。《アルゼンチンのハンセン病専門医二人　オートバイで南米の旅》というタイトルのもと、ラテンアメリカ大陸のハンセン病の権威で3千人を治療したこともある二人の医師が現在テムコに滞在、ラパ・ヌイ村への訪問を希望と書かれている。そして実際にその村を訪れて歓待を受け、専門医としてふるまっているのだ。

アルベルトは確かに専門家だが駆け出しで、ゲバラにいたっては医師免許もなく大学すら卒業していない。にも関わらずそんなことをしてしまうのが、『モーターサイクル・ダイアリーズ』が青春旅行記として今も愛されている点だろう。

はたして「エル・アウストラル」紙は今も健在だった。同紙の本社はテムコの中心街にあり、レンガ作りの威厳のある建物だった。

僕は自著2作をこの旅に持って来なかったことを後悔しつつ、スペイン語表記の名刺とパスポートを手に入口を潜った。名刺にはスペイン語による自分のWebサイトをQRコード付きで載せている。中南米での活動実績を記しているのでそれを見てもらいながら売り込もうと思った。

「エル・アウストラル」本社

だが警備員に促されて出てきた女性職員は無慈悲に告げてきた。

「Pase de Movilidadがないと対応しかねます――」

僕はがっくり肩を落とした。ここでもPase de Movilidadか。こいつは想像以上に強固な壁なのだ。この調子だとチリでの行動はますます制限されていくだろう。

僕はまずはサンティアゴへ急ぐことにしてその足でバスターミナルへ向かい、翌朝8時半発の二階建ての大型バスのチケットを買った。そして翌朝、乗り込もうとすると、乗車口にいた切符切りの係員が手のひらを向けてきた。

「Pase de Movilidadを見せて下さい。これがないと乗車できません」

僕は憮然としながら言い返した。

「昨日チケットを買ったときにそんなことは言われなかった」

「チリ政府が決めたことです。まずはPase de Movilidadの取得を」

「それならせめて払い戻しをしてもらいたい」

「さあ、私に言われても。買ったところで聞いて下さい」

窓口へ行くと、サンティアゴまでの2万ペソ（約2600円）の返金は受け付けてもらえず僕は舌打ちした。うしろに並んだ年輩の男性もおそらく同じ状況なのだろう、窓口の女性に怒りをぶちまけていた。

これは困ったことになった。サンティアゴ行きのバス会社はバスターミナル内に6社あり、僕はすべてに尋ねて回った。「Pase de Movilidadがなくともサンティアゴまで連れて行ってくれますか――」。かろうじて1社だけ、深夜便が受け付けてくれた。

僕はそのままバスターミナルに滞在しながらサンティアゴのホステルをブッキングドットコムで予約した。Pase de Movilidadのせいでホテル難民になるのは避けたがった。無事に

1件予約してほっとすると、メッセージが送られてきた。

「当ホステルをご利用の際にはPase de Movilidadのご提示をお願いします」

僕は気色ばんだ。またかよ――。

もはやゲバラやマッチングアプリどころではなかった。ウンザリしながらバスターミナルや飲食店で14時間ほど時間を潰し、23時発の深夜便に乗り込んだ。サンティアゴまでは約8時間半。Pase de Movilidadに振り回されて疲れていた。とりあえず今は忘れて眠ろう。

あっと言う間に眠りに落ちて気が付くと窓の外は白み始めていた。

トイレに立って席に戻ってくる途中、前席に座る女性に声をかけられた。

「すみません、日本人ですか？」

久々に聞く、日本語だった。

待望の申請許可

目が合うと、女性はダウンジャケットのフードを取った。色白の顔肌に金髪が零れ落ちてくる。チリの首都サンティアゴ行きの深夜バスの車内は明け方を迎えていた。

サンティアゴ行きの深夜バス

「そうです、僕は日本から来ました。あなたは？」

「私はチリ人ですが札幌に30年住んでいます。実家のプエルトモントに一時帰省したとたんにコロナが蔓延し、日本に戻れなくなってしまったのです。来週、いよいよ日本に行くので日本大使館に手続きに来ました」

プエルトモントはチリ南部の交通の要所である。日本国内で流通しているサーモンの多くはチリ産だがそこが供給地となっている。聞けば日本人の旦那さんとはその縁で知り合い結婚、札幌に住んで30年になるのだという。どうりで日本語も流暢だ。

車内の電気がぱっとついた。2階建ての大型バスがサンティアゴのバルターミナル「サンボルハ」に滑り込んだ。彼女とはダウンタウンのカフェでコーヒーを飲んだ。Pase de Movilidadについて相談に乗ってくれたうえに、それが通らなかったときはPCRを受けるしかないと言い、場所まで案内してくれた。

「日本という国は約束や時間にうるさくて嫌になることもあるけど、日本食が美味しすぎて離れられません」と笑っていた。

僕は一泊約2千円のホステル「ブティケ・メルカド88」に投宿した。首都の外国人向けの大型ホステルだけあって、WiFiの速度は速くシャワーは水圧が強く熱いお湯も出る。ドミトリーも広く二段ベッドの布団も清潔感があった。Pase de Movilidadの件は事前にホステルに電話をし、いま申請中だが日本で発行した英文のものならあると伝えて、了承を得ていた。

翌朝一番でダウンタウンにある「Centro de atencion al publico MINSAL」(保健所カスタマーセンター)に行った。入口で申請が二度拒否された画面のスクリーンショットを見せると、要領を得たようで通された。

担当の女性は30分ほどかけて登録し直すと、笑顔を向けて口を開いた。

「早ければ今日の夕方、遅くとも明日中には申請が下りると思うのでお待ち下さい」

はたしてその日の夕方、送られてきたメールをクリックして画面を進むと、Pase de Movilidadの画面が現れた。チリに入国して11日目、ようやく申請が下りたのだ。これで

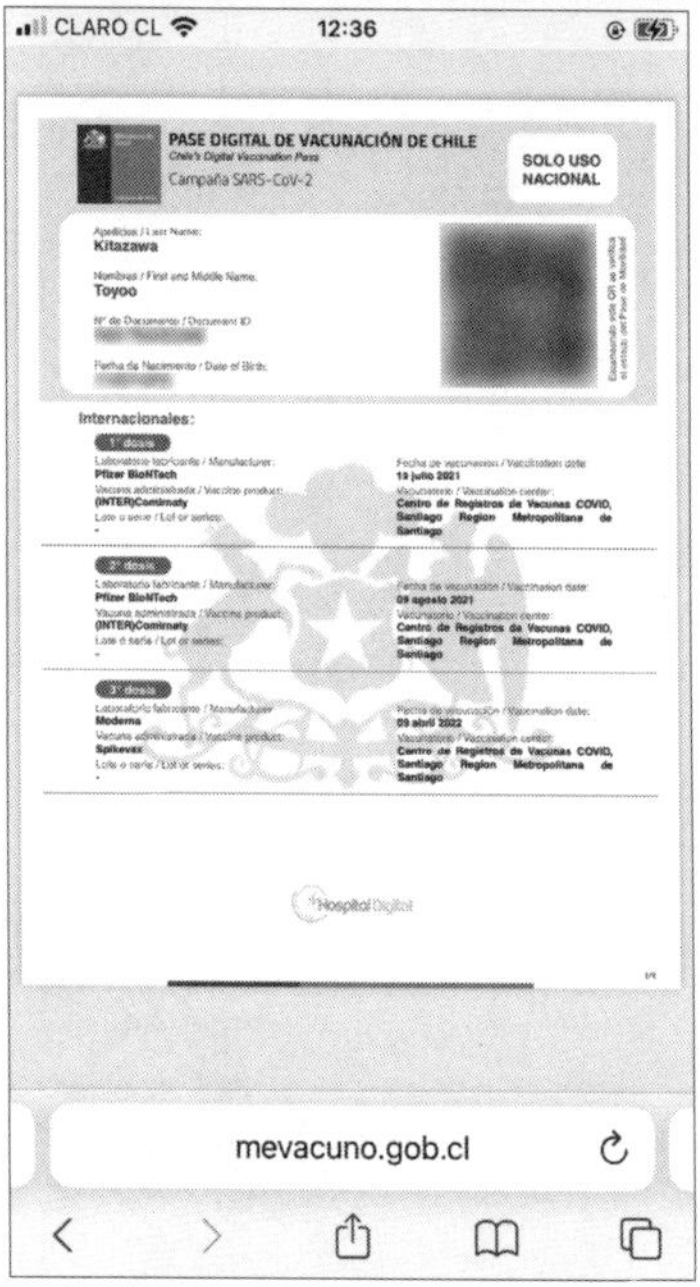

上／旧市街地にある保健所カスタマーセンター
下／ようやく取得したPase de Movilidadの画面

堂々と国内を行動できる。そうとなればマッチングにも気が入る。

チリでの初マッチング

チリに入国以降、マッチング率はアルゼンチンより断然高いのだが、メッセージのやり取りが続かなかったり、僕が移動した後に「会おう」という連絡が来たりしてタイミングが悪かった。

サンティアゴに到着して最大で7人とマッチングしたが、投資目的だったり、メッセージが来なくなったり、ゲイだったり、難民めいたベネズエラ人だったり、マッチングを外されたりして、僕は少し倦んでいた。

そこで、軽いノリでメッセージを送ってみた。文章が固いのではないかと思い、あえて崩してみたのである。これが意外と功を奏したのか、スタイリッシュな雰囲気のミレーナという女性とやり取りが始まり、週末に会えそうな気配になってきた。サンティアゴ在住の41歳の女性だ。

《やあミレーナ、元気？　僕は日本人の旅行者だけど、サンティアゴへ来た目的は彼女を

作るためなんだ。ハハハ》
《元気ぃぃぃ？　あなたチリ人の彼女を探すために来てるなんておもしろいね！　スペイン語は話せるの？》
《コロンビアに住んでいたことがある。チリ人はとても可愛いね》
《ハハハ。今どこにいるの？》
《バケダーノ駅の近くだよ。今週末、時間ある？　カフェでも行こうよ》
《週末、たぶん大丈夫だと思う》
　こうして早いペースで話が進んだのだった。

スタイリッシュな雰囲気のミレーナ

日本食レストラン

　サンティアゴは人口約560万人の大都会だ。ゲバラは到着するなりサンティアゴの印象を自身が育った《コルドバにまあまあ似ている》と書き記している。二人がブエノスアイレスから乗ってきたバイクはテムコから少し先のコジプリ村という小さな町で故障し、サンティアゴで別れを告げている。以降、二人はヒッチハイクを中心に北上して行くことになる。

　サンティアゴの女性はお洒落だった。髪毛を青やピンクに染めた若い子も目立つ。中南米の美人3国を俗に3Cと言う。コスタリカ（Costa Rica）、コロンビア（Colombia）、チリ（Chile）の一

サンティアゴの旧市街地

角だけあって洗練された雰囲気があった。

サンティアゴはチリ南部の身を竦める寒さと違い、日中はダウンジャケットが要らない日もあった。そのせいか喘息もだいぶおさまってきている。

この時期チリのインフレ率は12・5％に達し、1994年6月以来最大の上昇率となっていた。南米ではベネズエラ、アルゼンチンに次ぐ3位の数字だという。（チリ大手紙「ラ・テルセーラ」2022年7月11日）。とりわけ食料と輸送関係が上がっているため一般国民への影響も大きいようだった。食べる場所にもよるが大衆店のランチも1千円を越えてしまう。もはや日本のほうが安いと感じることさえあったほどだ。

土曜日になり、僕は午前中にミレーナにメッセージを送った。

《週末の件だけど、今日か明日、どう？　日本食レストランに招待するよ》

ティンダーを使って1カ月ほど経つが、女性は毎日何十通、いや人によっては何百通ものメッセージを受け取って峻別していることが分かってきた。カフェへ行きましょう、ではありきたりなのだ。ハイスペックでない者は相当なインパクトを与える必要がある。

そう思い先日、日本食レストラン2店を下見してきた。旧市街地のやや外れにある「レ

日本食レストラン「ハポン」の鍋焼きうどん

ストラン・ハポン」は味が良く、約1500円の鍋焼きうどんも美味しかった。これなら他のものを注文しても大丈夫だろうと踏んだ。
夕方にメッセージが来た。
《今日は友達のイベントを手伝いに行く可能性がある》
《オッケー。今夜でも明日でも僕はいつでも大丈夫だよ！》
それから数時間後にメッセージが来た。
《イベントは中止になった。でも雨が降ってきたね……。またにしよう！》
そのメッセージを受け取ったとたん、なぜかマッチングを外され過去履歴が見れなくなってしまった。幸い、途中までのやり取りはスクリーンショットに収めていたのだが。

こうしてサンティアゴで最大7人とやり取りをしていたが、一番会えそうな可能性のあったミレーナと縁が切れてしまい、僕は肩を落としながら太平洋沿岸の観光地、バルパライソへ向かったのだった。

素晴らしい景観の街と、
天使の裏切り。

6.　バルパライソ～チュキカマタ

バルパライソ港

アートとバックパッカーの街

海を望む丘陵の斜面に街はある。色とりどりの家屋は家と家が触れ合うようにびっしりと軒を連ね、太平洋の潮風に洗われて風味を増している。街全体が絵画のように浮かび上がっている。

僕は着ていたダウンジャケットを脱いで急勾配な坂道を上りつめた。早朝のバルパライソの湾入は乳白色にけぶり、数隻の船影が見えている。この街に到着したゲバラたちは地平線の遙か向こうに楽園があることを聞き及んだ。

曰く、男たちは働かなくとも良い。女たちが生活の面倒をすべて見てくれるから。

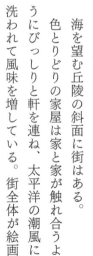

男は、食べて寝ているだけ。そのうえ気候も食べ物も最高なのだという。パスクア島——別名イースター島の噂を確かめるために船をさがした。しかし、次の便は半年先だと分かり2人は落胆した。

現在の人口は約30万人、チリ有数の港湾都市バルパライソは、落書きの壁画が興じてアートな街となった。官能的なその景観は2003年に世界遺産に登録されている。そんな街のせいか、「ティンダー」に現れる女性たちは皆お洒落だったが、マッチングはなかなか成功しなかった。

その代わりというわけではないが、滞在した一泊約1300円のホステル「カサ・ボラン

バルパライソの市街地

筆者滞在のホステル「カサ・ボランテ・オスタル」

テ・オスタル」でフランス人とコロンビア人の女性と仲良くなった。
なぜか女性率が高く、二段ベッドが四つ置かれた8人部屋のドミトリーでは、日によっては僕以外が全員女性というときもあった。
さすが南米を代表する観光地だけあってコロナ禍でも国際色は豊かで、ブラジル人、スペイン人、アメリカ人、フランス人、コロンビア人、ドイツ人、アルゼンチン人といった具合だった。部屋の中は寒さが吹き飛ぶように賑やかだった。
なかでもコロンビア人のディアナとは馬が合った。

首都ボゴタ在住の39歳の銀行員で旅行とバイクが趣味なのだという。コロンビアの会社員の有給休暇は年15営業日で祝日や土日を絡めると1カ月近くの休みが取れる。彼女もそのパターンでバックパックひとつでやってきた。コロンビアは独立記念日の祝日がちょうど間近だった。

僕が二段ベッドの下で彼女が上だった。

「コロンビアのどこに行ったことがあるか?」という話で盛り上がった。僕は全国33県のうち29県を回っていたので話が合うのは当然だった。あいにく彼女は翌朝にはサンティアゴへ行く予定だったので一緒に行動は出来なかったが、ボゴタでの再会を約束して連絡先を交換し合った。

フランス人のマドゥレーヌは30代前半か、フランス語教師でスペイン語が達者だった。何度か来日しているほどの旅行好き、館内のカフェでお茶をした。彼女とも日本での再会を約束して連絡先を交換し合った。マッチングアプリなど使わなくとも、こうした観光地のホステルにいたほうがパートナーが見つかるのではないかと思ったりした。

6月からアルゼンチンのコルドバを起点に旅を続けてきたが、ここまでの道程でバックパッカー的な外国人観光客がもっとも多いのはバルパライソだった。

ゲバラたちがこの地にやってきたとき、バルパライソは今日のような観光地ではなかった。かつては南米の主要港として繁栄した時期もあったが、パナマ運河開通によりその座を奪われ当時は人口も少なかった。

それでもゲバラはこの街の景観の素晴らしさを早くから嗅ぎ取り《落ちつきのない博物館のような美しさをひきたてている》と書き記している。ゲバラたちはこの街の暗部に入り込み、貧困街や売春宿などの路地裏をさまよい、やがてイースター島の代わりに海路でチリ北部へ行こうと思い立つ。

そうしてサン・アントニオ号という船の船長に渡りをつけて便所に潜り込む密航者となり、チリ北部の港湾都市アントファガスタへ向かった。

僕はゲバラたちと同じように海路を辿りたいと思いバルパライソの港でアントファガスト行きの船はないかと尋ねて回ったが、旅客船は皆無だった。仕方なく陸路でバスを乗り継いでアントファガスタ経由でゲバラたちが次に向かったチュキカマタ銅山へ足を踏み入

チリ北部の砂漠景色。アントファガスタ付近

れた。

アタカマ砂漠

チリ北部はがらりと風景が変わる。草木がほとんど生えていない乾ききった灰色の砂地と小石が続くと思いきや、内陸部に入り込んでいくにつれて陽光に焼かれた赤茶けた砂漠に変色し、高地になると赤銅色に近い岩山の荒地になったりする。それら一体はアタカマ砂漠ないしアタカマ高地と呼ばれている。

ゲバラたちは夜の砂漠で貧しい共産主義者の労働者夫婦に出会い言葉を失った。彼らの話は悲痛だった。投獄されていたことや仲間の党員が失踪しておそらく海に沈んでいること……。夫婦は体を覆うものを何も持たず横になっており、ゲバラはいたたまれなくなり自分たちのを一枚貸している。ゲバラはこれまで見聞したこともない南米の現状に衝撃を受けた。

《この夫婦は、世界中のプロレタリア階級の雄弁な代弁者だった。（中略）アンデス山脈にある硫黄鉱山に行くというこの夫婦と別れた。そこは気候が大変悪く、生活条件もとても厳しいので、労働許可書も要求されないし、どんな政治思想を持っているかなどと誰にも尋ねたりしないのだ。労働者はただ、やっと生き延びられるだけのパンくずと引き替えに、自分の命を破滅させていく

上／チュキカマタ銅山の入口
下／チュキカマタ銅山

熱心さがあればよいのだ（中略）こういう人たちに対して弾圧的な手段がとられるというのは、本当に心が痛むことだ》

その後、ゲバラたちは米国アナコンダ社所有の世界最大の露天掘り銅山チュキカマタに辿り着き、ストライキ中の現状を目撃する。ラテンアメリカの富が米国によって収奪されているのを目の当たりにした。

これらチリ北部での体験はゲバラの価値観を刺激したようだった。ゲバラの中で何かが変わり始めていた。

ツアーへの思い

チリ北部最大の観光地サンペドロ・アタカマ村にゲバラたちが立ち寄った形跡はない。なのにあえてルートを少し逸れてこの村を訪れているのにはわけがある。

２０１０年から２０１１年にかけて僕は南米1周の旅に出た。テーマは《人が行かないような南米の僻地を旅すること》。おのずと陸路で行けない先住民の集落や非合法地帯のような場所になっていく。その時点で南米を舞台にしたノンフィクション2作品が新人賞に落選しており、より僻地へ、より危険な場所へと自分を追い込んでいた危うい時期だった。

そんなとき、アルゼンチン北部のサルタという場所からチリ北部へ抜ける長距離バスの車内で日本人の女性と知り合った。偶然にも隣の席になった彼女は同世代で当時30代前半、グアテマラでスペイン語を勉強したうえで南米を旅している最中だった。バックパッカーには見えず色白ではかなげな美しさを漂わすNさんは笑顔を向けて口を開いた。

「北澤さんも、これからチリのアタカマ村に行くんですよね？」

「いや、チリ南部のほうに……」

「えっ、このルートを通っているのにアタカマ村に行かないんですか⁉」

僕は困惑した。チリ沖で銀ムツの不法乱獲が問題になっており、密漁船に乗り込もうと思っていた。その途上だったのだ。アタカマ村の存在は知っていたが観光地には興味がなかった。

「せっかくここまで来たんだから行きましょうよ。楽しいですよ。ツアーに参加してみんなでわいわいと」

アタカマ村で彼女と別れて僕はチリ南部へ向かった。のちに彼女からツアー参加の写真が送られてきた。だが当時の僕はそういう楽しい旅が出来なかった。

あの頃、僕は各地でそのような機会がありながら観光地を忌避し、バックパッカーとたわむれることを避けてきた。30代になっても沢木耕太郎を目指してもがいていた。自意識でぱんぱんに膨れ上がっていたのである。

だがあれから10年以上が経ち、チリ北部に足を踏み入れてふと思った。あのとき、彼女と一緒にアタカマツアーに参加していたらどれだけ楽しかっただろう、と。

こうして僕はあのときを取り戻すかのようにゲバラルートを逸れたのである。

アタカマ村での出会い

サンペドロ・アタカマ村は標高約2400メートル、人口約5千人ほどの小さな村である。付近には《月の谷》という月面のような赤茶けた谷や砂漠の中に現れる温泉や遺跡など見所がたくさんあり、それらの起点になっている。アタカマ一帯には年間15万5652人（2014年）の観光客が訪れている。

サンペドロ・アタカマ村

砂に覆われたような村に、年季の入った土塀や白壁の家屋が点在する。陽光に焼かれた熱砂が浮遊し、観光客を乗せたミニバンが通ると砂塵が舞い上がる。その村の一角が観光地化されており、ふいに欧米を中心とした外国人たちがわんさか現れる不思議な光景だった。安部公房の名作『砂の女』を想起させた。

事前に予約していた一泊2500円ほどの「オスタル・カンポ・バセ」というホステルにチェックインして驚いた。二段ベッドが三つ置かれたドミトリーに、コロンビア人の若いバックパッカーの男性が二人いた。

バルパライソのホステルでもコロンビア人に遭遇しているが、中産階級のコロンビア人バックパッカーがたびたび登場しているのがにわかに信じがたいのである。

拙著『ダリエン地峡決死行』でも述べているが僕は２００７年から定期的にコロンビアに関わり、首都ボゴタでスペイン語留学もしている。国内33県のうち29県を歩き多くのコロンビア人と接してきた。そして前述したように２０１０～11年には南米１周の旅に出た。その際、南米各地で出会うコロンビア人といえば商人か国外逃避難民が大半だった。

例えば、チリ中部のコキンボという港町のキャバレーでは当時、30人ほどのホステスがいたが大半はコロンビア人だった。南米各地の流れ者の多くがコロンビア人で、悪さをする人がいれば決まってコロンビア人のせいにされた。中南米各地、どこへ行ってもコロンビア人は評判が悪かった。

コロンビアは１９６０年以降50年ほど内戦的な状況が続き、正規軍、左翼ゲリラ、右派民兵、麻薬組織らが入り乱れていたが最大左翼ゲリラ「コロンビア革命軍」の武装解除に伴い徐々に治安が回復。しかしそのダメージは大きく、約20万人の死亡者、約５万人の行方不明者、約６００万人の難民を生み出したと言われている。世界でもっとも危険な国の烙印を押されていた。

だがおおむね2010年以降、急激な経済発展を遂げて2021年の経済成長率は10・6％、大学進学率は年によっては40％に達し、2020年にはOECD加盟国となった。その発展により置いていかれた先住民や貧困層、「コロンビア革命軍」の利権を巡る新武装団の台頭などの問題はあるにせよ、われわれ日本人がゲリラ・麻薬というイメージを払拭できないうちに気が付いたら月給400万ペソ（約12万円／2022年8月）を稼ぐ中産階級の旅行者、バックパッカーが登場していたのである。日本なら月給50万円〜60万円ぐらいのイメージだろうか。それも、親の資産に頼らず自力で。

同室の二人はコロンビア第2の都市メデジン在住のIT関係者だった。このコロンビアはちょうど独立記念日の祝日があり、有休を絡めてやってきたのだという。

バルパライソで出会った女性とこの二人の男性の話を聞く限り、おそらく3人の月給はそれぞれ400万ペソ（約12万円）以上だろう。ちなみにこの時期のコロンビアの最低賃金は月額100万ペソ（約3万円）で国民の7割ぐらいがそれで暮らしている。

翌日、僕は《月の谷》のツアーを2万7千ペソ（約3800円）で申し込んだ。村からミニバンに乗って20分ほどで月面に降り立ったような赤茶けた砂漠の光景に浸った。参加者はカナダ人、オランダ人、ベルギー人、オーストラリア人、チリ人、ベネズエラ人だった。5年前にチリに移住して生活基盤を築いた30代前半のベネズエラ人女性とは特に仲良くなり、ツアーを楽しむことができた。この旅の僕の終着点はベネズエラだ。彼の地に着いたらメールを送る約束をした。

ツアー旅行というのはこんなの楽しいのか、と思っていた矢先、忘れかけていたマッチングがこの小さな村で始まったのだった。

天使のイラスト

34歳という年齢に惹かれた。

マッチングアプリの「ティン

月の谷のツアーで見た砂漠の光景

ダー」を使い続けながら旅を続けているが、僕は43歳だから基本的に同世代とマッチングする確率が高い。30代前半は珍しかった。

　だが34歳の彼女の写真は天使のようなイラストだった。これまでならスワイプして流してしまうところだが、ここが人口約5千人のサンペドロ・アタカマ村であること思い出して手を止めた。

　小さな村ゆえに身バレを恐れてあえてイラストにしているのではないか。そう思うと、ブランカと名乗る女性に興味が湧いてきた。彼女のほうから「Like」を送ってきていて、あとは僕のほうから「Like」を返せばマッチングが成立してメッセージのやり取りが始まる。

　時間は21時を過ぎていた。僕はホステルの二段ベッドの上で「Like」を返してメッセー

天使のイラストを用いたブランカのトップ画面

ジを送った。
《やあ、ブランカ。僕はアタカマ村に着いたばかりだよ。ここは良いところだね！　僕は日本人の旅行者だけど君はどこに住んでいるの？》
彼女のプロフィールには《サンペドロ・アタカマ在住》とあるが、情報が古い場合もあり確認が必要なのだ。僕のように一時滞在の人もいれば実家がそこで現住所は別の人もいる。返信はすぐに来た。
《やあ、元気ですか！　私はサンペドロ・アタカマ村に住んでいるよ。あなたはいつまでここに滞在するの？》
《月曜日の朝までだよ。この村のオススメのレストランやカフェを教えてよ！》
《あるよ！　夕食に行きなよ。食事だとAdobeというレストランで、カフェならrootsかな》
すぐにグーグルで調べると2軒とも存在する。間髪入れずにこれらの情報を入れてくるところを見ると彼女は地元民で間違いなさそうだ。
《明日一緒に行こうよ！　僕のワッツアップの番号はこれだよ》と一気に畳みかけると、

筆者滞在のホステル「オスタル・カンポ・バセ」の2段ベッド

彼女からすぐにワッツアップが送られてきた。展開が早くて心地いい。
《あなた今、どこのホステルにいるの？》
《カンポ・バセというホステルだよ》
《そこね、うちから近い地区だよ》
それからたわいのないやり取りが30分ほど続き、明日の昼食に会う約束をした。はたして小さな村の観光地で写真のない34歳と会えるのだろうか。僕はあまり期待せずに床についた。

天使？の裏切り

翌日——。
僕は彼女に何時にワッツアップを送るべ

きか悩んだ。マッチングアプリでの約束に限らず、中南米でのプライベートなゆるい約束というものにどうも慣れない。

前もって約束を取り付ける日本の習慣と違うところがままある。「会おう」という約束は社交辞令のようなことがあり、そのあたりのさじ加減が未だにつかめない。ましてやマッチングアプリともなればなおさらだ。

11時少し前に《今日の昼食、どうする？　時間ある？》と探るようなメッセージを送ると、何と彼女からすぐに電話が来た。僕は慌てて通話ボタンを押した。

「やあトヨオ、おはよう。よく眠れた？　お昼ご飯、どうしようか」

想像より声音は低いが、本当に会う意思があるようで僕は驚いた。マッチングアプリで出会ったというより、昔からの知り会いのようなトーンだ。

「行こうよ。昨日、君が言ってたAdobeだっけ？　ホームページ見たけどピザが美味しそうだね」

「そうなの!!　すごく美味しいの。13時にしよう。サンペドロ・アタカマ教会の前で。知ってる？」

「知ってるよ。会えるのを楽しみにしている」

「オッケー。それじゃあ、あとで」

こうして天使のイラストのブランカとの約束が決まったのであった。

僕は13時少し前に、1745年建立

ブランカとの「ワッツアップ」のやり取り。昼食の約束と翌日昼前の確認メール

サンペドロ・アタカマ教会

の伝統ある教会の前に着いた。雲ひとつない青い空から砂漠を焦がすような陽光が降り注いでいる。

僕以外は複数の観光客ばかりで教会の前でポーズを決めたりして写真撮影に興じている。陽射しは強いがからっと乾いているため汗はかかない。

13時15分になり、これはすっぽかされたかな、と思い始めたとき、ワッツアップが鳴った。ブランカだった。

「やあ、ブランカ。僕はもう教会の前にいるんだよ」

「そうなの！　早いね！　私もこれから行くけどお金のことを決めておかないと」

お金？　僕は困惑した。彼女は言葉をつないだ。

「お金よ。30分3万ペソ（約4300円）よ」

全身の力ががくっと抜けたように脱力した。ああ、この子はこれが目的だったのか。このために半日の時間を費やしてしまったのか。僕はがっかりした。

「……。そういうことなら遠慮するよ」

「はっ？　何言ってるの!?　私は準備していてこれから行くのよ」

彼女の声には棘があったが僕は構わず声を強めた。

「そういうことなら断るよ。それじゃあ」

「何よこのインポ野郎！」

ワッツアップを切ると、砂漠の観光地のど真ん中で一人こんなやり取りをしていたのが馬鹿らしくなった。

周囲の観光客たちは楽しそうな嬌声を上げている。僕は空を仰いで大きく深呼吸すると、踵を返してホステルのほうに向かって歩き始めた。

ペルー入国、
喘息は治ったのに高山病。

7.　タクナ〜プーノ

ペルーとゲバラ

ゲバラは人の懐に入り込む天才だった。

旅の途上では農園で歓迎されて食事にありついたり駅の一室を借りて眠ったりした。国立公園の管理人が倉庫のような部屋を提供してくれることがあれば、建設会社の人が作業小屋をあてがってくれたりした。あげく、軍の将校の家に泊まらせてもらったり美人三姉妹のいる消防団にも厄介になった。砂漠地帯ですら市境の監視員が小屋を貸してくれている。

どこへ行っても一宿一飯の恩義に預かることができた。どうしてそんなことができるのか。ゲバラたちから20年後に南米を旅した日本人も驚きを隠せない。

「無銭旅行のスタイルだよね。ゲバラたちが南米を旅した頃って、いわゆるバックパッカーはまだ登場していない時代。１９７３年に南米を旅した俺ですら珍しがられたから、物見遊山の旅をしたゲバラたちはもっとびっくりされたんじゃないかな」

在コロンビア45年、日本食レストラン「侍や」の高橋弘昌社長である。僕は２００７年からコロンビアを拠点に中南米を回るようになって以来、店の２階を拠点にさせてもらっている。南米における師匠である。

「ゲバラは相手に取り入るのがうまいんだと思う。もっとも、国立ブエノスアイレス大学医学部在学中という肩書きが物を言った部分もあったと思うが、それだけじゃ、あんな旅は出来ない。言い方は悪いけど、あつかましさというか、押し出しというか、今風に言うとコミュニケーション能力が高くないとああいうスタイルで回ることはできない。彼らの20年後に俺も南米を旅したからよく分かる」

そんなゲバラたちはしかし、ペルー入国と同時に足元をすくわれている。国境の近くのチリ側では例によって病院を根城にしたり警察署で食事を馳走になったりしたのだが、乾燥した砂漠地帯のペルー領タクナ郊外に入国したときだ。

先住民を荷台に乗せたトラックをヒッチした。いつもの調子で無料で乗せてくれと頼んで了解を得られたつもりだったが、トラックに乗り込もうという段になって乾いた声が飛んできた。

《わかってんだろ？　タラータ（タクナの先の村）まで5ソルだよ》

二人は顔を見合わせ、気色ばんだ。メンツを重んじるアルゼンチン人にとっては恥辱的

タクナ郊外の砂漠地帯。ゲバラたちはヒッチで失敗する

だったろう。アルゼンチンは農業で成功した20世紀初頭の経済大国である。ましてやゲバラとアルベルトはエリート層だ。

アルベルトは《じゃあ何で、無償で乗せていってくれるかと頼んだとき、うんと言ったんですか》と怒りを抑えながら詰め寄ったが埒があかなく二人は砂漠の中を歩き始めた。アルベルトは、ペルーは《きっとみんなこんな奴ばかりなんだろうよ》と吐き捨てた。

なぜかいつもと調子が違う。二人のペルーとの出会いは後味の悪いものになった。

タクナで観光地めぐり

その点、僕の場合は逆だった。チリからペルーへ陸路で入国するための起点はアリカという街だが、コレクティーボという乗り合いタクシーで国境の出入国管理局へ行き、それぞれ手続きをした上で最初の大きな街タクナへそのまま同じコレクティーボで行く。

同乗者のペルー人の中年女性があれこれ世話を焼いてくれた。「タクナにバスターミナルは二つある。行き先によって乗り場が違うから気をつけなさい」「タクナでのランチはだいたい300円ぐらいよ」「困ったことがあればここに電話して。これ、私のワッツアップの番号」と親切にしてくれた上に、「私、空手やってるのよ。あなた、もしも空手の先生なら私に黒帯を売ってちょうだい。ハハハ」などと人懐こくて、僕のペルーの印象はずいぶん明るいものになった。

何よりアルゼンチンとチリであれだけ苦しんだ僕の喘息はペルー入国と同時にぴたりと止んでいた。

夕方に人口約30万人のタクナに着くと、街角から大音量のラテン音楽が遠慮なく聞こえてきた。ペルー、ボリビア、エクアドル、コロンビア、ベネズエラのいわゆるアンデス系

ペルーの伝統的な郷土料理、パチャマンカ

の南米がアルゼンチン・チリと異なるひとつは、街角はもとより、個人宅でもあちこちでラテンミュージックが流れていることだろうか。同じ南米でも、別の南米に来たな、と思う瞬間のひとつである。

近くのレストランへ食事にいくと、浅黒い肌の若い男性店員が笑顔を向けてきた。

「今日は独立記念日だからスペシャルなものを用意しています。パチャマンカはいかがですか？」

スペイン語のアクセントもまた、アルゼンチン、チリと違い張りがある。スペイン語を公用語とする国は世界で21カ国あるが、昔ながらの伝統的なスペイン語の雰囲気を感じ取れる国はペルーからエクアドルあたりだと、米国のスペイン語研究者が報告していた。

今日、7月28日は独立記念日だという。どうりであちこちで花火が上がり、公園では大勢が集まっていたわけである。パチャマンカは芋やトウモロコシなどを使ったペルーの伝統的な郷土料理だ。雑ぱくで迫力があるが、見た目以上に美味しく、あつあつで食べ応えがあった。

僕はタクナでペルー国内で使えるスマホのシムカードを買ったり今後の行動の予定を立てたりして体制を整えたほか、近郊の遺跡とワイン工場見学がセットのツアーにも参加した。

その後、ゲバラが感嘆した標高約3千メートルの風光明媚なタラータ村で半日ほど過ごし、ペルーで最初の大きな目的地のひとつで標高約3800メートルの観光地プーノへ長距離バスで向かった。

だが、タクナから7時間ほどで到着し、ホテルに到着したときはもう様子がおかしかった。全身に悪寒が走り、軽い眩暈を起こし、吐き気が抑えきれなかった。部屋にこもった

標高約3000メートルのタラタ村

まま何もできず夜になると、今朝から食べたものをトイレの便器の中に戻した。間歇的に3回吐き、4回目は胃液も出ないほどだった。

せっかく喘息が治まったというのに。僕はホテルの固いベッドの上でひたすら喘ぐしかなかった。

ゲバラが夢に出てきた

異変の正体は高山病だろう。

チリとの国境のタクナから標高3800メートルのプーノまでの道のりはバスで7時間ほどだがそこはアンデス山脈の大動脈だった。窓越しに乾燥した山肌などを見な

プーノまでのアンデス山脈の景色

がら連綿と続くアンデスの山塊をいくつも越えていく。車内に異臭が立ちこめたのは子供の嘔吐物のせいだった。10歳ぐらいの女の子が青い顔をしながらビニール袋を握りしめていた。

その匂いをもらってしまったせいもあるし、アルゼンチンからチリまで喘息の発作に悩まされて体が弱っていたせいもある。僕もバス酔いしてプーノに着いたときにはすでに軽い目まいと吐き気を起こしていたのだった。

ゲバラたちはこのあたりのルートを警官たちのトラックに便乗している。

《トラックはどんどん登り続けたので、一

分毎に寒さがますますひどくなっていった（中略）ほとんど海抜5千メートル近くのところに来ていた》

こうして僕はホテルに着いて初日に4回吐き、2日目に吐き気は収まってすっきりしたが頭痛と目まいがあり午後になって這うようにして薬局に行った。高山病に効くという「Acetak Acetazolamida 250」を6粒15ソル（約510円）で購入して服薬後に眠り、3日目の朝から少しずつ回復してきた。軽い食事も取れるようになってきた。ホテルには高山病対策としてコカの葉も用意されていた。お湯に漬けて飲むのである。

幸いだったのは、事前に個室のホテルを予約していたことだ。一泊約2400円の「Kaaro Hotel Puno」は小ぶりながらトイレとシャワー付きの清潔な部屋だった。僕はたいていホステルを泊まり歩いている。単に経済的だからではなく、共同部屋のホステルは出会いがあって楽しいのだ。

今回は悪い予感でもしたのか、たまには個室ホテルで足を伸ばしたいと予約しておいたのが良かった。ホステルならこんなときにトイレが自由に使えずもどかしい思いをしたに違いなかった。

だが高山病は思わぬ副産物をもたらした。毎日ゲバラのことを考えながら旅を続けているせいか、薬を飲んで眠った2日目の夕方頃、ついにゲバラが夢に現れたのだ。

大正ロマン住宅のようなモダンな木造建物の中に僕とゲバラが立っている。ゲバラはトレードマークの軍服に葉巻姿だ。30代前半の脂の乗った頃だろうか、キューバ革命を成就させて数年後といった雰囲気だ。

僕らは目を細めながら高い天井の四隅を見つめている。ゲバラは口から葉巻を離すと煙を吐き出して低い声を漏らした。

「見ろ。あそだ」

そう言って顎をしゃくった先に蜂の巣があった。スズメ

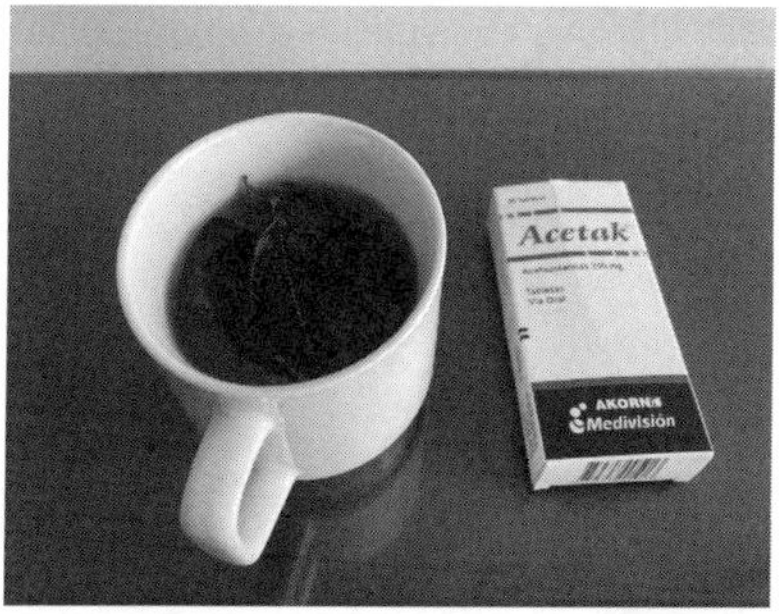

上／現地で購入した高山病の薬とコカ茶
下／筆者滞在のホテル「Kaaro Hotel Puno」

バチのような大きな蜂が巣の回りを飛回している。耳を澄ますと羽音が聞こえてきた。するとミュージシャンの布袋寅泰が転がるように飛び込んできた。僕がぎょっとしていると、ゲバラは葉巻を投げ捨てて大きな声を発した。

「お前たち、今だ！　かかれ！」

それが合図となり、僕と布袋寅泰が蜂の巣を駆除しにかかり、蜂の大群に襲われたところで目が醒めるという結末だった。ちなみに僕は布袋寅泰のファンではない。なぜいきなり彼が登場してきたのかまるで見当がつかないが、『モーターサイクル・ダイアリーズ』のルートを追いかけている僕にはたまらない夢だった。

目覚めたときにはびっしょりと汗を掻いていた。ホテルの部屋の中は日中であればむしろ外より寒いぐらいだった。暖房器具のある部屋ではないためベッドから出たときは室内でもダウンジャケットを着なければならないほどだったが、このときは夢の興奮も相まってしばらく放心状態だった。

これを機に熱は下がっていき、翌3日目の朝から回復し始めたのだった。

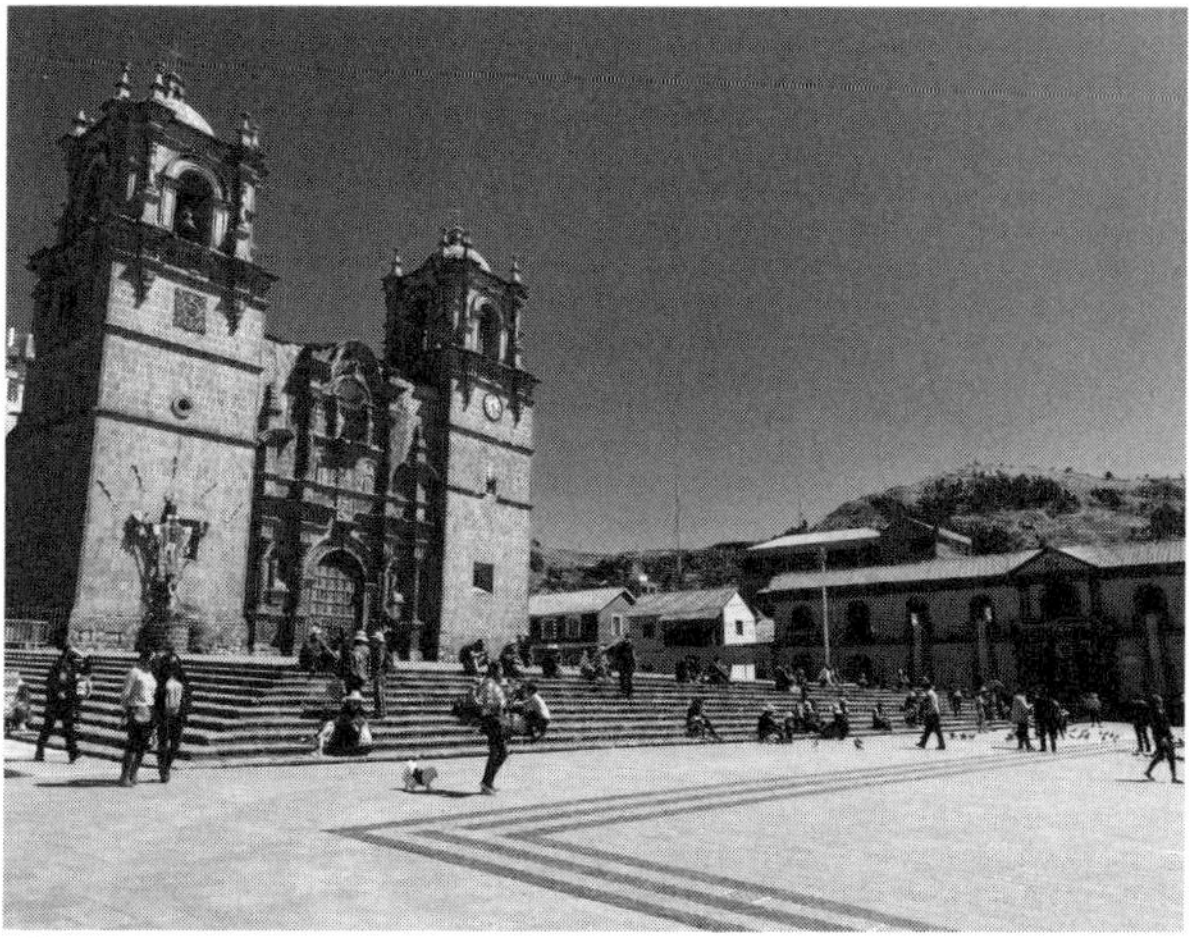

プーノの市街地

プーノの寒さから逃れる

僕は2007年にコロンビアの首都ボゴタにあるアラゴンという日本人宿に長逗留していたことがある。オーナーのスペイン人と親しくなり宿泊料を割引きしてもらう代わりに時間限定で店番を任されることがあった。

そのとき、標高2600メートルのボゴタに到着したとたんに高山病になるバックパッカーたちを見た。当時僕はまだ29歳頃で若かったため、そんな彼らを密かに「弱っちいな」と思っていたのだが、それから15年後に自分が高山病に罹ってみて初めて彼らの苦しみが理解できたのだった。

チチカカ湖

4日目には観光ツアーに参加した。ここプーノは人口約12万人、ペルーとボリビアにまたがる巨大なチチカカ湖が売りの観光地である。湖には多くの小島があり、なかでも枯れ草のような島に約2千人のウル族が住むウロス島が有名で多くの観光客が訪れている。

だが病み上がりでこのツアーに参加したせいか、気分が冴えなかった。次の目的地のクスコは標高が少し低く気温もここより暖かいという。

底冷えの冷気が体にまとわりついて離れないプーノの寒さから逃れたかった。僕は思い切ってクスコに移動することにした。

ウロス島

長距離バスでおよそ9時間、前回のようなバス酔いはなくクスコに着くと、寒さが少し和らぎ、心持ち体が軽くなったような気がして気分が明るくなった。

そして、世界を代表する観光地マチュピチュの麓でマッチングが始まったのだった。

女性化学者の憐みの視線と、
元社長の投資勧誘。

8.　クスコ～リマ

女性化学者

36歳の美人化学者とのマッチングは、クスコ到着2日目の夜から始まった。

《やあトヨオ。調子はどう？　クスコはどう？》

《やあヨルレイダ。僕はチェ・ゲバラの『モーターサイクル・ダイアリーズ』の足跡を追いかけてここに来ているんだよ。日本人の旅行者で昨日クスコに着いたばかり》

《いいね！　私も昨日着いたばかり。首都リマに住んでいるわ》

《クスコには仕事で来たの？》

《休暇を取って旅行に来たの》

《それは素晴らしい！　マチュピチュに行くの？》

《そのつもり。あなたは？》

《僕は10年前に行ったことがあって、今回はクスコ周辺の遺跡を中心に回ろうと思っているんだ。クスコにいるのなら、コーヒーでも飲みに行こうよ》

《いいね、明日の朝9時でどう？》

《オッケー！》

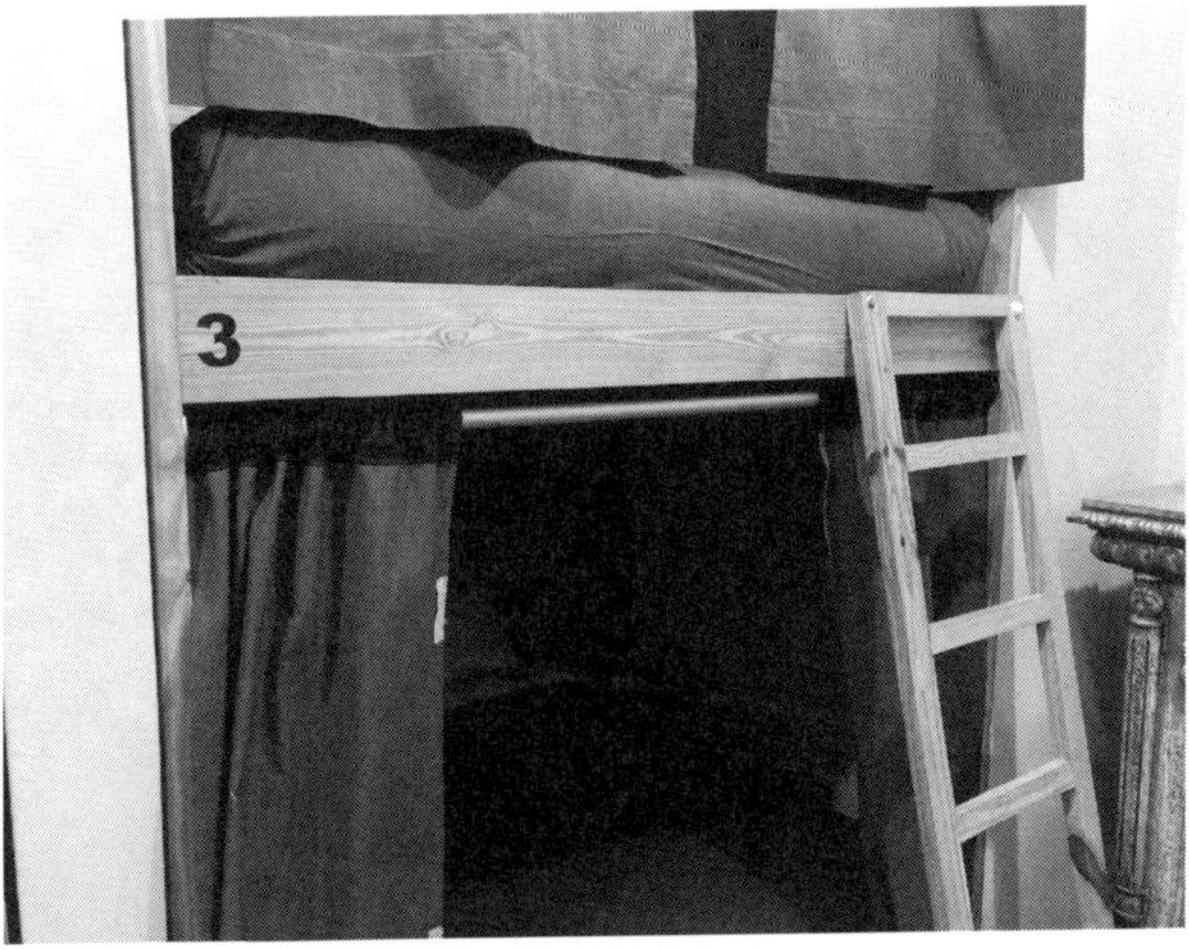

筆者滞在のホステル「Hostel kokopelli Cusco」

《それじゃあ、明日ね。私はもう寝るわ》
《了解。僕のワッツアップの番号を入れておくね。×××-×××-×××》
すぐにワッツアップにメッセージが送られてきた。
《ヨルレイダよ。それじゃあ明日》

時計を見ると午前0時を過ぎていた。ここはクスコの中心街のホステル「Hostel kokopelli Cusco」。外国人バックパッカーに人気の宿で値段がもっとも安い10人部屋はすでに予約がいっぱいで、一泊3800円の4人部屋をかろうじて押さえることができた。

マチュピチュを抱える人口約45万人のクスコはペルー最大の観光地だ。標高は3400メートルで夜はダウンジャケットが必要だがプーノよりは過ごしやすい。15世紀〜16世紀に栄えたインカ帝国の首都だった場所で、年間旅行者数は300万人を越える。時期のせいか、どこか憂鬱で灰色じみたプーノと違いクスコには人の気分を明るくさせる力があるようだった。

そんな場所で4人とマッチングし、早くも36歳の化学者との約束を取り付けた。こんなにあっさり事が運んで良いのかと心配になるほどだった。

翌朝。僕は8時半頃にワッツアップのメッセージを送った。

《おはよう! カフェ、行ける?》

《おはよう。行こうよ。私は準備出来てるけど、どこで会おうか?》

昨夜彼女と会う約束をしてから、僕はそのことを考えていた。クスコに到着してまだ3日。土地勘はなく、昨夜あれからグーグルマップと睨めっこしながら一人で対策を練っていたのである。

《アルマス広場はどうかしら?》

僕も同じことを考えていた。そこが一番分かりやすいのだ。
《オッケー。アルマス広場の噴水前にしようか？》
《10分で行くね》
《僕は15分ぐらいかな》
僕は慌てて準備を済ますと、ダウンジャケットを手に、ネルシャツ姿でホステルを出た。朝の澄んだ空気が心地よかった。いくつか角を曲がって5分ほどでアルマス広場に出た。
晴れ渡った空の下に、大聖堂や教会が周囲に屹立している。9時前だ

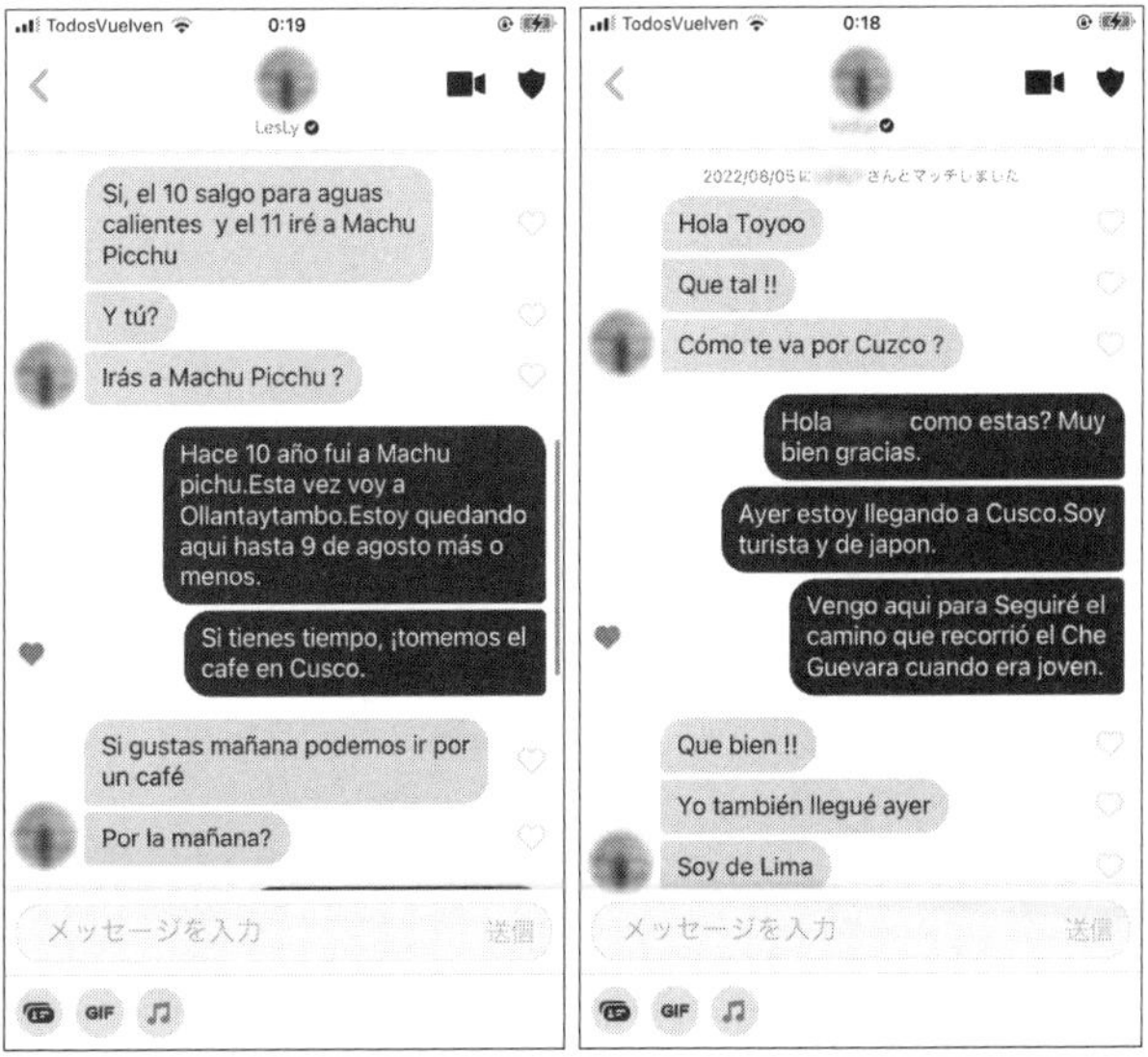
TodosVuelven
0:19
Lesly
Si, el 10 salgo para aguas calientes y el 11 iré a Machu Picchu
Y tú?
Irás a Machu Picchu ?
Hace 10 año fui a Machu pichu.Esta vez voy a Ollantaytambo.Estoy quedando aqui hasta 9 de agosto más o menos.
Si tienes tiempo, ¡tomemos el cafe en Cusco.
Si gustas mañana podemos ir por un café
Por la mañana?
メッセージを入力
送信
GIF
TodosVuelven
0:18
2022/08/05にさんとマッチしました
Hola Toyoo
Que tal !!
Cómo te va por Cuzco ?
Hola como estas? Muy bien gracias.
Ayer estoy llegando a Cusco.Soy turista y de japon.
Vengo aqui para Seguiré el camino que recorrió el Che Guevara cuando era joven.
Que bien !!
Yo también llegué ayer
Soy de Lima
メッセージを入力
送信
GIF
ヨルレイダと約束をとりつけるまでのやりとり

待ち合わせ場所となったアルマス広場の噴水前

が噴水前にはすでに多くの人だかりがあった。うまく会えるだろうか、と思っていると、ヨルレイダからメッセージが来た。
《着いたよ。私の服は青と紫色よ》
あたりを見渡してふと振り向くと、黒のナイロンパンツに青と紫のラインの入った白地の長袖のシャツを来た女性が笑顔で近づいてきた。
ヨルレイダだった。

ヨルレイダからの質問

ヨルレイダは小柄で笑顔の素敵な女性だった。36歳というがもっと若く見える。浅黒い肌には艶があってポニーテールがよく似合っている。

ひと通り自己紹介を終えると近くのカフェに行った。南米を代表する観光地のど真ん中でマッチングアプリを使ってこうして会っているのが不思議な気分だった。

席に着いて、すでに朝食を済ませている僕はカプチーノとチーズケーキ（20ソル／約700円）を、彼女はパンとスクランブルエッグのモーニングを注文した。

店員がカウンターへ入っていくと、彼女は言った。

「私、今年の年末に日本へ行く予定だったの。日本って最近、すごい安いでしょ。でもコロナによる入国規制がまだ強くて（2022年8月6日時点）、今年は諦めて来年にすることにしたの。日本人と知り合い

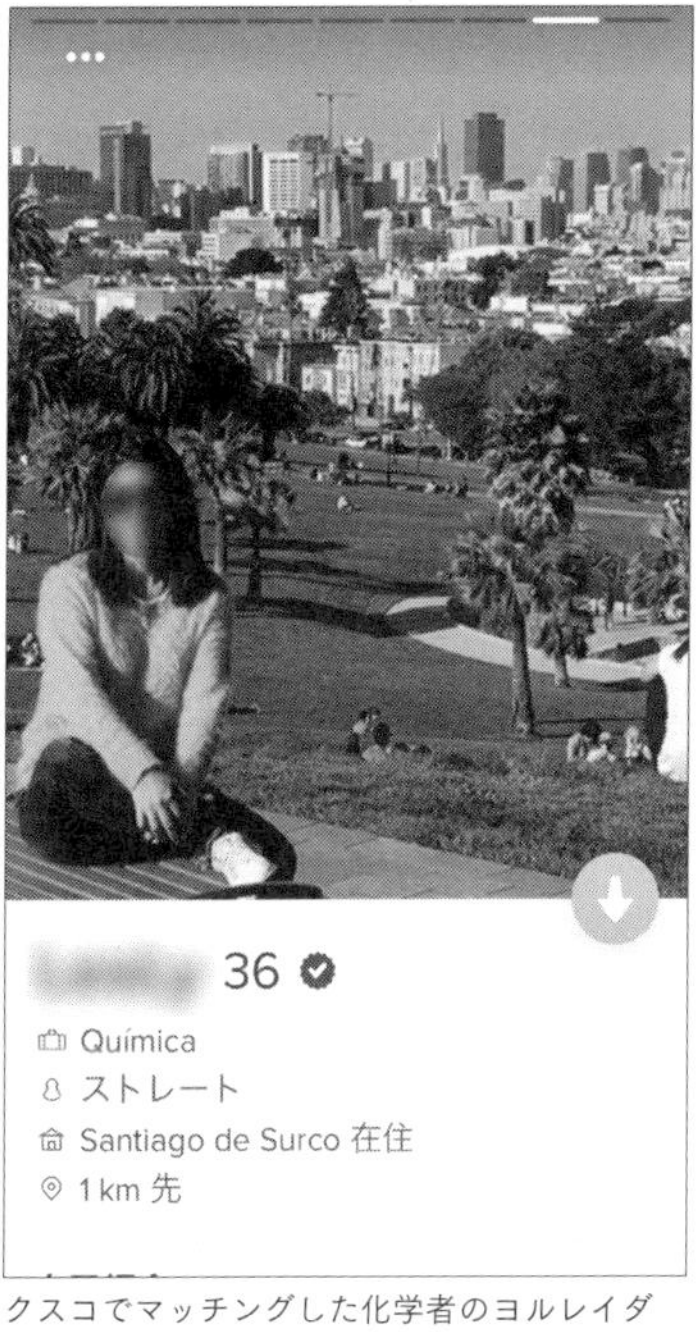

クスコでマッチングした化学者のヨルレイダ

たくてマッチングアプリやSNSを使っていたらあなたが出てきて、びっくりした」

なるほど恋人さがしというより日本人の友達さがしか。ただ、よくある漫画好きや日本食好きの類いかと思っていたら、少し事情が違った。

「私、自然とかトレッキングが好きなの。日本の富士山とか、沖縄とか、複数の小島に行ってみたいの。日本は自然が豊富なんでしょ。あなたは富士山に行ったことあるの？トレッキングは好き？」

僕は首を横に振った。彼女は残念そうな表情を見せると、話題を変えた。

「ところで、あなた、仕事は？　自己紹介の欄には物書きと書いてあったけど、レギュラーな仕事は何かしてるの？」

なかなか厳しい質問だ。ヨルレイダの目には明らかに値踏みの色があった。それはそうだろう、日本から南米にやってきてマッチングアプリを使ってる40過ぎの無職同然の男を怪しまないほうがおかしい。

僕は特別養護老人ホームで介護士と技能実習生相手の日本語教師のダブルワークをしていたことを告げた。だが彼女はどうも腑に落ちないようだ。

「どうしてまったく違う種類の仕事をしているの？　どうして二つも仕事を掛け持ちしているの？」

さっきまで可愛かった彼女の顔が、とたんに面接官のそれになったような気がして僕は気後れした。彼女は直截的に物を言うタイプらしい。聞けば住まいは首都リマの高級住宅地のミラフローレスだ。

それらの質問に答えると、さらに突っ込んできた。

「それで、二つの仕事で年収はいくらぐらいなの？」

「……300万円ぐらいかな」

彼女は目を剥いて、顔を引きつらせた。逆に問い返すと、400万円ぐらいだという。彼女はしだいに憐れむような視線を向けてきた。

彼女の仕事の内容は難しくて、分かったのは、白衣を着て、ラボで検査の仕事をしていることぐらいだった。

「日本に行ったら、友達とか、紹介してね」

モーニングを食べ終わる間もなく目の前の男に見切りをつけたようだ。もっとも、マッ

クスコ市内の様子

チングアプリというのはスペックで勝負するものだから、そういうものだろうけど。

モーニングが終わったらきっと「悪いけど私は今日予定があるの」と席を立つのだろうと思いきや彼女は表情を変えて嬉々として提案してきた。

「ねえ、あなた今日はどんな予定なの？　クスコ近郊の遺跡に行くためにここに来たって言ってたよね。私、マチュピチュは明後日からなの。良かったらこれから一緒に近郊の遺跡に行こうよ」

急な変わりように驚いた。これは振り回されるんじゃないかと警戒しつつも、僕は同意した。彼女は遺跡に行くための服に着

POST CARD

料金受取人払郵便

小石川局承認

9994

差出有効期間
2023年
10月31日まで
(切手不要)

112-8790
127

東京都文京区千石4-39-17

株式会社　産業編集センター
出版部　行

★この度はご購読をありがとうございました。
お預かりした個人情報は、今後の本作りの参考にさせていただきます。
お客様の個人情報は法律で定められている場合を除き、ご本人の同意を得ず第三者に提供することはありません。また、個人情報管理の業務委託はいたしません。詳細につきましては、「個人情報問合せ窓口」(TEL：03-5395-5311〈平日 10:00 ～ 17:00〉) にお問い合わせいただくか「個人情報の取り扱いについて」(http://www.shc.co.jp/company/privacy/) をご確認ください。

※上記ご確認いただき、ご承諾いただける方は下記にご記入の上、ご送付ください。

株式会社 産業編集センター　個人情報保護管理者

氏　名《ふりがな》

(男・女／　　　歳)

ご住所　〒

TEL：

E-mail：

新刊情報を DM・メールなどでご案内してもよろしいですか？	□可　□不可
ご感想を広告などに使用してもよろしいですか？	□実名で可　□匿名で可　□不可

ご購入ありがとうございました。ぜひご意見をお聞かせください。

■ お買い上げいただいた本のタイトル

ご購入日：　　　年　　月　　日　　書店名：

■ 本書をどうやってお知りになりましたか？

□ 書店で実物を見て
□ 新聞・雑誌・ウェブサイト（媒体名　　　　　　　　　　）
□ テレビ・ラジオ（番組名　　　　　　　　　　）
□ その他（　　　　　　　　　　）

■ お買い求めの動機を教えてください（複数回答可）

□ タイトル　□ 著者　□ 帯　□ 装丁　□ テーマ　□ 内容　□ 広告・書評
□ その他（　　　　　　　　　　）

■ 本書へのご意見・ご感想をお聞かせください

■ よくご覧になる新聞、雑誌、ウェブサイト、テレビ、
よくお聞きになるラジオなどを教えてください

■ ご興味をお持ちのテーマや人物などを教えてください

ご記入ありがとうございました。

替えたいと言うので僕は彼女が滞在中のゲストハウスの前で20分ほど待った。そして、僕らはクスコ近郊の5つの遺跡、「コリカンチャ」、「サクサイワマン」、「ケンコー」、「プカプカラ」「タンボマチャイ」にバスで向かった。

ヨルレイダとの遺跡巡りは結果的には大正解だった。彼女はペルー生まれのペルー育ちである。やはりネイティブと一緒だと行動がスムーズだし、何かと解説してもらえるのでありがたかったのだ。

ところで、クスコにやってきたゲバラはやたらと興奮し、クスコとクスコ近郊の遺跡とマチュピチュの軍事的な地の利について長々と一席

ヨルレイダと筆者。クスコ近郊のコリカンチャ遺跡にて

ぶっている。のちの戦略家チェ・ゲバラの一面を垣間見ることができる。マチュピチュについてはこう解説している。

《マチュ・ピチュは、300メートルほどもある深い険しい谷間と、「若い峰」と繋がっている縁の切り立った細長い峡谷とにそれぞれ守られて、二つの方角から難攻不落だ。最も脆弱な境界は段丘が続いていて守られており、この方角からの占拠が極めて難しくなっている。ほぼ南を向いている正面は、巨大な要塞がある上にこの部分で山が自然に狭隘になっているので、困難な経路になっている。しかも、流れの激しいビルカノタ川が山のそれぞれの面の後ろを流れていることを考えれば、初期の居住者たちがいかに上手に要塞を配置する場所を選んだかが分かるだろう》

遺跡巡りを終えて夕方にクスコの中心街でヨルレイダと別れた。別れ際、彼女は陽に灼けた笑顔を向けて口を開いた。

「あなた日本人なんだから、富士山に行かなきゃダメよ」

ホステルから見たミラフローレス地区の景色

女性の元社長からの勧誘

ペルーの首都リマで滞在中のホステル「パリワナ」（Pariwana）は高級地区ミラフローレスの一角にあるが、音楽フェスやパーティー好きのいわゆる「パリピ」が集まるホステルだった。夜ともなれば吹き抜けの会場では踊りが始まり、その回りを一泊約2千円ほどの10人部屋のドミトリールームが囲む。

その日、20時過ぎに宿に戻った僕は大音量に紛れるようにして共同トイレにこもっていた。長居しすぎて、時折、ノックの音も聞こえたが、僕はひらすら吐き続けていた。

リマに着いて2日目にマッチングし、早速、会ってきた帰りだった。

何かの食べ物が当たったとしか思えなかった。

僕はラテン音楽のアップテンポなビートと人々の陽気な高笑いを浴びながら彼女と会ったときのことを振り返っていた――。

リマでのマッチング率は初日から高かった。ここまで辿ってきたルートの中でリマの「ティンダー」がもっとも盛況だという気がした。

初日に10人、2日目に10人、という具合に倍々ゲームのように増えていく。

夜の20時過ぎにこれから会おうと言ってきたのはグラマーで色っぽい38歳のケリーだった。

だが僕は南米バックバックパッカーたちが忌避したがる「クスコ〜リマ」のアンデス山脈の難所ルートを長距離バスで移動してきたばかりでクタクタだった。

理由を告げてワッツアップを交換すると、明日の昼に会うことになった。

翌日の昼前に僕のほうからワッツアップを送った。

《やあケリー、元気？　ランチに行こうか。今日は終日ヒマだし君に会ってみたい》

《もっと遅い時間にしよう。16時はどう？　私も会いたいわ》
16時前にワッツアップを送った。
《僕は今、ミラフローレス地区にいるよ。どうしようか》
《これから父親の家を出るんだけど、そっちに行くのは18時になりそう。ミラフローレスのハイチというレストランで会おう。あなたが泊まっているホステルのすぐ近くよ》

こうして18時過ぎにようやくケリーに会えたものの、正直、プロフィール写真とはずいぶん違う印象を受けた。大柄な体を丸めて座る彼女は、年齢以上に老けているように見えた。

なるほど聞けば旅行代理店

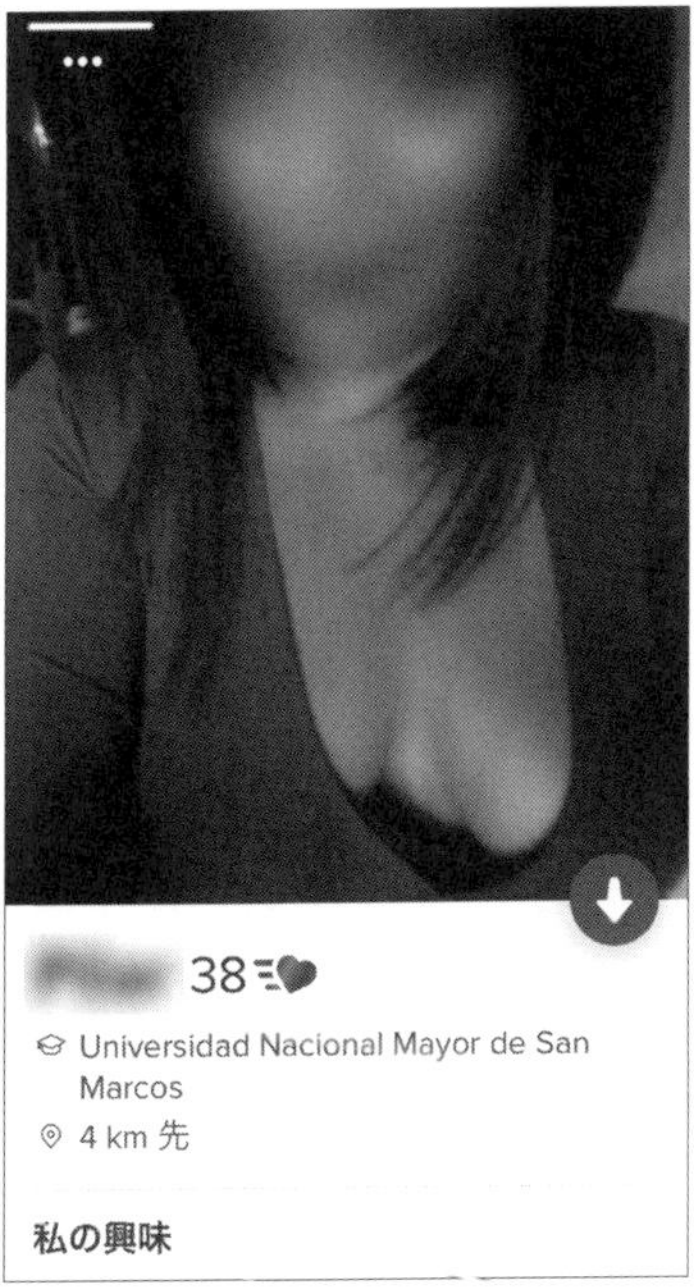

リマでマッチングしたケリー

の元社長で、コロナで廃業と離婚のダブルショックのうえ、現在は二人の子供と目の見えない70歳の父親を引き取って生活しているのだという。

知り会いの会社の手伝いをしていると言うが、生活に追われてやつれた様子がうかがえた。僕らはカプチーノを注文した。

「あなた、アルゼンチンからベネズエラまで旅してる作家って本当なの？　プロフィールにそう書いてあった」

僕は頷いた。ちなみにケリーのプロフィール欄には年齢と出身大学以外は何も書かれていなかった。

「いくらかかるの？　期間は？」

「期間はおおむね5カ月で、費用は日本からのチケット代も含めてトータルで約１００万円ぐらいだよ」

彼女は視線を宙に泳がすと、表情を変えずに「高いね。あなた使い過ぎ」と呟いた。

「私の元彼はミュージシャンで私はマネージャーだった。10年ぐらい前の話だけど、ボリビアを拠点に国内を転々とするノマド生活をしていたの。二人の生活費は月に６００ドル

ケリーと約束したレストラン、ハイチ

（おそらく6万円ぐらいの感覚）ぐらいだったわ」

彼女はそれからイギリス人の元旦那と出会い二人で旅行代理店を経営した話などした。その後、彼女のオススメのハンバーガー店に行って食事を取ると、「リマの素敵な夜景の場所を案内して上げる。散歩しに行きましょう」と言い、僕らはローカルバスに乗った。

そこは海辺の高台に位置するラルコマールという吹き抜けの高級ショッピングモールだった。レストランも多く、海辺の景色を一望しながら食事をとるという趣だ。

ちょうど20時過ぎの食事時で、あたりは人の波で一杯だった。目の前にはホテルマ

筆者とケリー

リオネットもあり、彼女はそこで結婚式を挙げたと言っていた。

　だが夜風に当たりながら僕は違和を感じていた。ダウンジャケットの下の体が熱いぐらいに熱を持ち始めているが分かった。彼女の話もいよいよ上の空になってきた。

「ねえ、ところで、私の投資グループに入らない？　そうすればあなた、毎日ここで食事ができるようになるわよ――」

　ああ、それが目的だったのか、と気付いたのと、体の火照りが最高潮に達したのは、ほぼ同時だった。こうして僕は彼女と別れてホステルに戻ったのだった――。

　トイレの外からは相変わらず大音量のラ

テン音楽が腹に響いている。まるで高山病のように僕はふらつき、体の奥底の水分がなくなるぐらい吐ききって、ようやく少し落ち着きを取り戻していた。

翌日、僕のワッツアップは得体の知らない投資グループからの案内メールで一杯になっていた——。

ハンセン病との出会い

一方、ゲバラたちはリマで重要な出会いをはたしている。ハンセン病の権威、ウーゴ・ペシェ博士である。二人はクスコ~リマの途上の山間部でハンセン病の療養施設を訪ねている。そもそもアルベルトはアルゼンチンのハンセン病療養施設に勤務していた駆け出しの医師だ。旅先でハンセン病の現状を見たかったのは当然だし、近い将来の勤務先を確保したい思惑もあっただろう。

前述のクスコ~リマの山間部の施設でペシェ博士の噂を聞き及び、紹介状を書いてもらっていたのである。

二人は歓待を受けて毎晩のように食事に招待された。だがゲバラは博士に自身の著作の感想を聞かれ、ためらいつつも正直に答えてしまう。《あれはいい本とは言えません。風景の描写に新鮮味がありません。あなたのようなマルクス主義科学者が、インディオの心理の否定的な面しか記述しないのは、僕には信じられません。科学者が書いたとも、共産主義者が書いたとも思えないような情けない本です》

まだ何者でもない一介の大学生が、ペルーを代表する思想家でもあるペシェ博士に喧嘩をふっかけたのである。のちに政治活動家となり弁が立つ論客になっていくゲバラの萌芽がよく現れている。もっとも、そんなゲバラを傲慢で生意気だと切って捨てる人も少なくないのだが。

肝を冷やしたのはアルベルトだろう。だが寛容な思想家は《その通りだ、まったく》と渋々ながらも認めたうえに二人にアマゾン地域のハンセン病療養施設を紹介し、旅費さえ都合してやったのだった。

暑い地の熱い女性と、
わがままなコンサルと。

9.　イキトス～サンパブロ～ボゴタ

イキトスの熱い女性

せっかくの楽しい旅も、体調不良が重なるとテンションが下がる。6月からスタートしたこの旅も、まもなく3カ月が経とうとしている。アルゼンチンとチリでは持病の喘息の発作があり、ペルーに入国して治まったと思いきやアンデスの高地では高山病に罹り、リマでは食中毒のような食あたりに見舞われた。まるで具合悪くなるために旅をしているようなものだった。10年ほど前に南米を1周したときはこんなことはなかったのに。43歳と32歳の差だろうか。あるいは6月~8月の南半球は冬ゆえに気候のせいもあるかもしれない。

その点、次の目的地はペルー北部の陸の孤島、南米アマゾンの入口イキトスだ。年間平均気温25℃前後の熱帯雨林に行けば体調も良くなるのではないかと思った。ゲバラたちはリマからイキトスまでの陸路と水路で喘息の発作が再発し、這々の体でイキトスの病院に入院。一日に4本ものアドレナリン注射を打つに至っている。

僕は飛行機でイキトスに向かった。ゲバラには申し訳ないが日本から持参してきた薬も底をついていた。喘息の発作が怖かったのだ。
人口約42万人のイキトスは熱帯特有の荒々しい陽射しが降り注ぎ、風も少ないせいか熱気が体に貼り付いて離れない。
そんな暑い地で熱い女性に出会った。
30歳のボニータのプロフィールには「もの書き」とある。ジャンルも具体例もないが同業者かもしれないと思うとますます興味が湧いた。首尾良くマッチングして会話は進んだ。
《やあ、イキトスにようこそ》
《暑いね〜。この街に良いレストランはある?》
《あるよ。テラサスという名

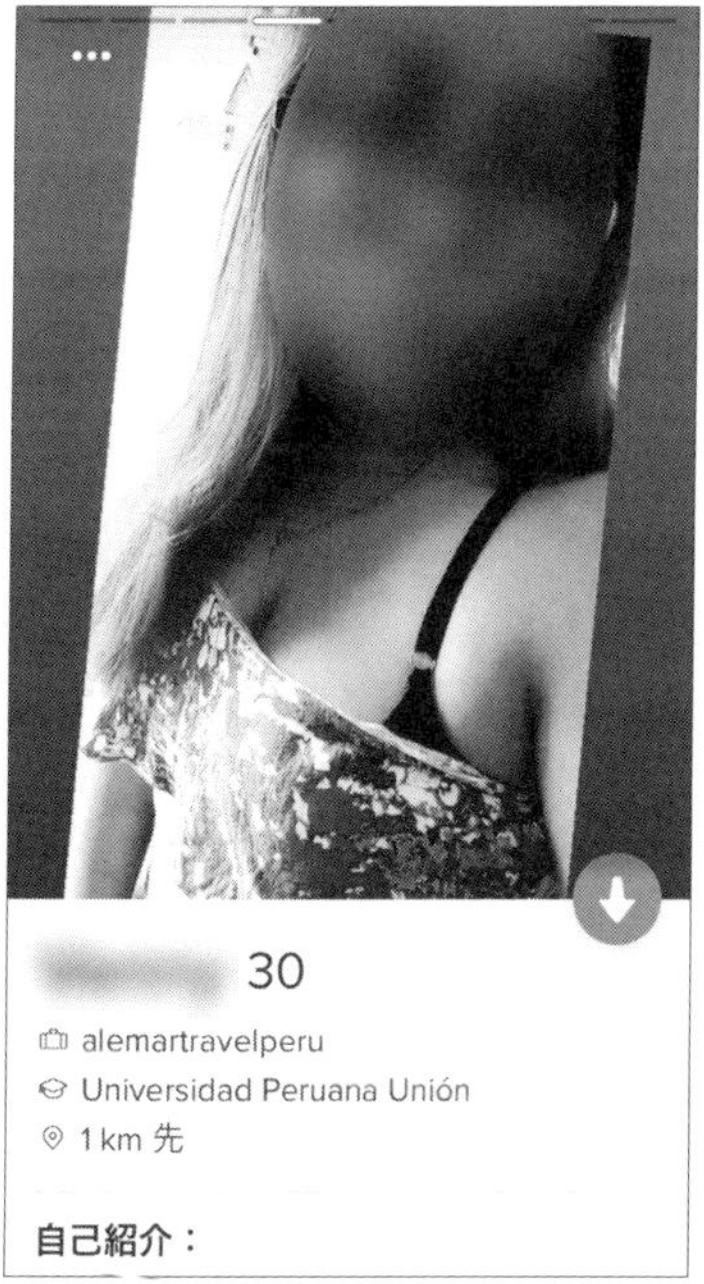

イキトスでマッチングしたボニータ

前。いろんな料理がある》
それから別の話で盛り上がった後、僕は切り出した。
《ところで、今夜か明日、一緒にそのテラサスに行かない？》
《いいね。今夜にしよう。私のワッツアップの番号はこれよ》

こうしてあっさりとボニータとの約束を取り付けたのである。

テラサスは中心街に位置する4階建てのビルで、1階と屋上がレストランになっていた。屋上の隅の方のテーブル席で僕はコーラを飲みながらボニータを待った。

夜の19時を過ぎて店内はほぼ満席になっていた。眼下にはカジノやバーが軒を連ね、3輪のバイクに幌を被せたモトタクシーが往来していた。

約束の時間を30分ほど過ぎて赤毛を揺らしたグラマーな女性が現れた。ボニータだった。

彼女は会うなり「私の名前を日本語で書いてほしい。タトゥーにする」と言って紙を差し出してきた。僕が「母似伊多」と書くといたく喜び、一気に打ち解けた。

彼女は小説家志望の保育士だった。

「どんな小説を書いているの？」と尋ねると、頬を少し赤らめ、目の前の青いカルテルを一気に呷った。

「聞きたい？　どんなテーマだと思う」

「さあ、恋愛小説かな。ペルーや中南米はテレノベラ（日本の昼ドラのようなもの）が盛んだから、その類い？」

彼女はにこりと微笑み、顔を近づけてきた。

「エロティカよ、あなたも好きでしょ？　日本にもそういう小説あるでしょ？」

官能小説。僕は頷くと、思わず表情を緩めた。さぞやだらしない顔をしていただろう。

それを機に彼女は自分の性体験を語り始めた。さすがアマゾン川上流の街で生まれ育っただけあって、初体験は14歳、相手は17歳の高校生でアマゾン川支流の雑木林でおこなったという。

「この近くよ。この街の若い子たちはそこでするの。だって10代にホテルに行くお金なんてないでしょ。そこは10代のセックススポットよ」

僕は思わず生唾を呑み込んだ。青白い月の光に包まれた林の中に、むつみ合う男女がひ

イキトス市街地の前を流れるアマゾン川の支流

しめいているのだろうか。アマゾン川支流の流域でそんな淫靡な光景が繰り広げられているのだろうか。

「行ってみる？」

これは妙な展開になってきた。僕は手のひらに汗を掻き始めていた。店内にはあちこちに大型の扇風機がしつらえてあるが、体温が少し上がったような気がした。

僕らはテーブルの上に残っている食事や飲み物を平らげると、外に出た。

微かな夜風がTシャツと短パン姿に心地よかった。あちこちから人々の哄笑やラテンミュージックが聞こえてくる。

僕らは川岸のやや高台に着き、手すり壁

に腕を乗せながら黒々とした稜線を浮かべるアマゾン川の支流を見つめた。その上には暖色系の微弱な街灯が等間隔に並んでいる。近くには3、4組のカップルが熱い口づけを交わしていた。眼下には流域の雑木林が広がっている。

ボニータが僕の手をさりげなく握ってきた。心臓が音を立てて跳ね上がった。彼女の手のひらは汗ばんおらずすべすべしていた。

「下に、行く?」

甘ったるい声に頷くと、僕は力強く手を握り返した。

そのときだった。どこからともなく嘲笑するような甲高い声が聞こえてきた。周囲をうかがうと、何とボニータの声だった。僕は啞然として彼女から手を離した。

「ねえ、雑木林にセックススポットがあると本気で思ったの? あなた、単純ね。南米に詳しいことを言ってるけど、これじゃあ、すぐに騙されるわよ。私が悪い人だったらどうするの? 雑木林に男たちが潜んでいたらどうするの? ダメよ、気を付けないと。あなた、いい人だからこの先が心配だわ——」

どうやら一杯食わされたのだ。このアマゾン女め。

レストラン「Terrazas」（テラサス）。筆者とボニータ

彼女は街灯の下で腰砕けたように腹を抱えて笑っている。周囲のカップルたちも何事かといった感じでこちらを見ている。

僕は放心したように立ち尽くしていたが、やがて釣り込まれて笑い始めた。笑うしかなかった。

満足そうな表情を浮かべてハッハハと声を立てて笑うボニータの声がアマゾンの夜空に心地よく響いていた。

ハンセン病の療養施設へ

イキトスで喘息を悪化させたゲバラは入院してアドレナリン漬けになっている。故郷のアルゼンチンを出発して半年近くが経っていた。旅の疲れが最高潮に達していたのだろう。

次の目的地はアマゾン川流域のサンパブロ村である。二人が初めて足を踏み入れる本格的なペルーアマゾンの熱帯雨林である。高湿度のジャングルは喘息持ちには辛い場所だ。それでも歩みを止めないのがゲバラの性分である。

もっとも、サンパブロ村はリマで出会ったハンセン病の権威、ウーゴ・ペシェ博士に紹介状を書いてもらった療養施設がある場所である。ゲバラの喘息が治まらないうちに2人はイキトスからサンパブロ行きの小型ボートに乗り込んでいる。


僕はイキトスの船着場で「ナイディー4号」という50人ほどが乗れる背の低いスピードボートに乗り込んだ。

屋根はあるが船側の上半分は青のビニールシートが垂れ下がっているだけである。19時過ぎに出発すると、黒々としたアマゾン川の夜風が心地よく頬をなぶっていった。時折、巡視船がレーザー光線のような光を浴びせてきて目を細めた。

いつのまにか眠ってしまい、3時頃に汽笛のような音で目を覚ますと、「サンパブロに

イキトスの船着場

到着だ」と低い男の声が告げた。

空はまだ漆黒の闇に包まれている。僕はヘッドライトを点けてボートを降りた。半袖に短パンでは少し寒さを覚えた。川に突き出た長い桟橋を高台に位置する陸のほうに向かって歩いていく。

下車したのは10人ぐらいだろうか。人のざわめきと明かりが漏れている。

三輪のバイクに幌を被せたモトタクシーのバイク音も聞こえてきた。このボートの到着を待っていたのだろう、3時でも人の活動が充分にある。

聞けば近くに宿泊施設は3カ所あるという。そのうち一番近い「オスペダへ・サンパブロ」(30ソル/1100円)」に投宿すると、僕はすぐに眠りに落ちた。

ロレト県サンパブロ村は人口1千人弱である。翌朝、僕は村を散歩した。空はからっと晴れ上がって、朝からまぶしい陽射しが人通りを照らしている。

背中に汗がつたって滴っていく。アマゾン川流域の村だが川から少し離れると森の匂いが漂ってくる。ヤシの木や常緑樹が青々とした空に映えている。未舗装の小さな村かと思いきや、しっかり舗装された道もあり、中心部の公園の脇には銀行まであった。

その近くにあるのがゲバラの銅像である。台座にはこう記されている。

《チェ・ゲバラがこのハンセ

上/筆者が乗った「ナイディー4号」
下/サンパブロ村

ン病の村に辿り着いたことを記念します》
当時、どのような村だったのか。ゲバラの言葉を引いてみよう。
《600人の患者（筆者注：ハンセン病患者）がそれぞれ熱帯林に典型的な小さな家に独立して住んでいて、やりたいことをやり、自由な職業を持ち、独自のリズムと特徴が自然にできあがった組織の中で生きている。（中略）終日の電灯や、冷蔵庫、結局のところ実験室自体まで、基本的な設備が備わっていない》
世間から隔離されたハンセン病コミュニティである。この村が特異だったのは、当時、ハンセン病患者に接触すると感染すると言われた時代にあって、健常者との距離が比較的

村のシンボル、ゲバラの銅像

近かったと言われていることだ。

1926年に180人の患者を収容してスタートし、今も4人が暮らしている。当時の面影を残す物は、ゲバラたちが関わった医師と看護師の家ぐらいだという。コミュニティの中心だった場所は今は「コロニー」地区と名付けられ、子供たちのグランドなどになっている。

二人は歓迎された。約2週間のあいだ、アルベルトはハンセン病患者を観察し、顕微鏡で桿菌の調査をした。《ハンセン病における神経系統障害症状》という報告書を作成するためのデータ収集もした。ゲバラは喘息の調子が良くなり、釣りやサッカーに興じ、患者たちと親しくなった。そして1952年6月14日、ゲバラはこの村で24歳の誕生日を迎えた。

診療所の関係者たちが誕生会を催してくれることになった。その席でゲバラは気が大きくなったのか、それともペルーを代表するお酒のピスコに酔ったのか、ラテンアメリカについて一席ぶっている。

《私たちはたいした人間ではないので、あなた方の主張の代弁者となることはできません

かつて医師や看護師が住んでいた家。ゲバラたち滞在当時からほぼそのまま

が、はっきりしない見せかけだけの国籍によってアメリカ（ラテンアメリカ諸国のこと）が分けられているのは、全くうわべだけのことだと、この旅の後では前よりももっとはっきりと、考えています（中略）ペルーと、統一されたラテンアメリカのために、乾杯します》

青臭く、気張った物言いだが、彼の意識はアルゼンチンを脱しラテンアメリカ全土を見据えるようになっていた。

さらにゲバラはこの村で酔狂な行動に出ている。ある日の午後2時頃、村の目の前を滔々と流れる茶褐色のアマゾン川を泳いで対岸に渡っているのだ。僕は川岸の繋留舟で客待ちをしている中年男性の船頭に尋ねた。

「この川を泳いで対岸に渡る人はいますか？」

「渡る奴もいるけど、すごい大変だぞ。中央の流れは速いし水深は10メートルほど。ピラニアもいる。死ぬ奴もいる」

ここから付近の村へ行くために、住民たちは船頭のいる小舟をバス代わりに利用する。ところが、2キロほど先の対岸へ行く場合、そのまま直線には進めないという。時期や時間帯や乗る場所にもよるが、流れを見極めながら迂回するように斜めに進んでいくのだという。小舟でさえそんな調子なのだから、喘息持ちの人間が直線的に泳いでいったらどうなるか、推して知るべしだ。アルベルトの説得にも耳を貸さず泳ぎ始めたゲバラは案の定、下流に5キロほど流されながらもどうにか渡り終えている。村の若者たちはそんなゲバラの姿に驚きを隠せなかった。

船頭の話を聞いているうちに空はあっと言う間に暗灰色に包まれ、大粒の雨がアマゾン川を激しく叩きつけた。川はみるみるうちに水量を増して濁流になった。天気の移ろいも激しいアマゾン川を徒手空拳で泳ぐのはやはり尋常ではないのだ。

ゲバラが泳いで渡ったアマゾン川

胆力があるといってしまえばそれまでだが、氾濫間際のアマゾン川を背にしてホテルに向かって走りながら、僕はゲバラという人間がおそろしくなっていた。

わがままな女性コンサル

コロンビアの首都ボゴタに着いたゲバラたちは、宿泊先がなかなか見つからなかったり警官と揉めたりして早々に隣国ベネズエラに向かっている。

コロンビアは時の政権が独裁色を強め、弾圧された共産党員や農民らが山岳地帯に立てこもるようになる。これがのちにコロンビア社会を苦しめていく本格的なゲリラの前身で、今日まで続く同国の課題となっている。ボゴタの街には警官が溢れ、政情が不安定な様子がうかがえた。ゲバラは《とにかく緊迫した情勢で、もうまもなく動乱が勃発するだろうという感じがしています》と母親への手紙に書いている。

　その点、昨今のボゴタは落ち着き、外国人向けのお洒落なホステルも多い。僕が泊まったのは、フィットネスジムやプールやミニジャグジーが付いている一泊約1900円ほどの「Spotty Bogota Centro」である。ここを拠点にしながらマッチングアプリを始めると、すぐに一人とマッチングした。

　43歳のアレハンドラは写真で見る限り典型的なコロンビア美女だった。栗色の長い髪毛に適

コロンビアの首都ボゴタの市街地

筆者滞在のホステル「Spotty Bogota Centro」

度に金髪が混ざるメッシュヘアで、目鼻立ちの派手な絵になる女だった。
《やあアレハンドラ。僕はボゴタに着いたばかりだけど、君はどこに住んでいるの？》
《やあ。私はウサケン地区に住んでいるわ》
《そこは良い場所だね。知ってるよ。僕の日本人の友人が昔、その地区で日本食レストランを経営していたことがある。日本食は好き？》
《ええ、とても好きよ》
《それなら、日本食を食べに行こうか？オススメの店があるんだけど、今週はどう

かな？》
《いいね、ありがとう。木曜日か金曜日はどう？》
《僕はどっちでもいいよ》
《じゃあ木曜日にしよう》
　こうして約束を取り付けてワッツアップを交換したのだが、今週はチリのバルパライソで出会ったコロンビア人女性（【バルパライソ・チュキカマタ編】に登場）のディアナとも会う約束をしていた。
　これまでマッチングアプリで出会ってきた女性たちとは、会って数日後まではワッツアップのメッセー

アレハンドラと会う約束を取り付けるまでのメッセージ

ジが続くのだが、1週間も経つと返事が来なくなってしまうのが常だった。
そんななかで唯一定期的にやり取りが続いているのが、皮肉にも、マッチングアプリで出会った女性ではなく、リアルで出会ったボゴタ在住の39歳の銀行員のディアナだった。
アレハンドラとは木曜の19時半にボゴタの新興市街地の日本食レストラン「Arigato」で会うことになっていた。彼女はワッツアップの文字メールよりも音声メッセージのほうが好きらしく、艶のある声を送って来ていた。もっとも、それがワッツアップの特徴で、中南米の多くの人はそういう使い方をしている。
当日、ホステルを出る準備をしていると、音声メッセージが入った。
《やあ、トヨオ。あなたは何時頃に出るの？　私はもう仕事が終わるわよ》
時計を見ると18時少し前だ。ボゴタの平日の夕方は通勤ラッシュがハンパではない。早めにウーバのタクシーを捕まえる必要がある。
《やあ、アレハンドラ。僕はもうじき出るよ》
《そう、それなら、まずは私を迎えに来てよ。ボゴタ大学病院まで来てくれない？》
迎えに来てほしいというのは初めてのケースだった。少し慌てながらグーグルマップでボゴタ大学病院を見ると、目的地の日本食レストランの遙か先だ。そこまで行ってまた戻ってきたら2時間近くかかる可能性がある。それらを告げると、彼女は少し声を苛立たせた。

《それなら私はどうすればいいの？》

何となく嫌な予感がする。

《ウーバを使って来て欲しい。住所は＊＊＊だよ》

《じゃあ、ウーバ代、払ってくれるよね。誘ったのはあなたのほうだから》

嫌な予感は確信に変わった。確かに誘ったのは僕のほうだ。だが会ってみなければ何も始まらない。僕は渋々了解した。

19時半ちょうどぐらいに僕のほうが先に店に着いた。閉店は20時半と聞いて少し面食らった。事前に閉店時間を調べてこなかったことを後悔した。20時頃に彼女を乗せたウーバが到着し、僕は出迎えて料金を払った。

アレハンドラは朱色の重々しいコートに金色の大きなイヤリングをぶら下げていた。身につけているものすべてにお金がかかっているのが一目瞭然だった。コンサル関係の在宅ワークをしていると言っていた。

だが彼女は僕のことがお気に召さなかったのか、あるいは閉店間際になってしまったせいか、そもそもそういうタイプなのか、愛想がなく言葉のキャッチボールがおぼつかなかった。

僕は2007年からコロンビアに関わってラテンアメリカ14カ国を回っているが、ボゴタは僕にとってホームタウンなのだ。そこで盛り上がらないことに少なからずショックを受けている。

それでも食欲だけはあるようで、一気に注文し、なかでも餃子とサーモン巻きと鰻巻きの寿司は気に入ってくれたようだった。僕は女優に気を遣うマネージャーのような気分だった。

雨が降ってきた。ボゴタは雨の街でいつも灰色じみている。彼女は外を眺めて呟いた。

「私、どうやって帰ろうかしら…。だいぶ強くなってきたよ」

はいはい、ウーバでタクシーを手配しますよ。しかし、すでに時遅し。15分ぐらい複数の配車アプリを試したがマッチングせずに埒があかなかった。店も閉店時間を少し回って

日本食レストラン「Arigato」。筆者とアレハンドラ

いる。

僕らは外に出てタクシーを拾うことにした。雨脚は堰を切ったように強まり、道路の隅にはあっと言う間に深い水溜まりができている。折り畳み傘に激しい雨風が打ち付けている。

「ねえ、私、服、濡れちゃうよ。傘持ってないのよ」

ボゴタに住んでいて傘を持って外出しないのかよ。僕は舌打ちしながら彼女を入れて歩き始めた。

ヘッドライトをまき散らす車の波の中で人差し指を出してタクシーを捕まえること約20分、ようやく一台が停まってくれた。

「さあ、乗って。気を付けて帰ってね」

そう言うと、アレハンドラは手を出してきた。

「ねえ、タクシー代を忘れてない?」

僕は溜め息を付きながら4万ペソ（約1300円）をポケットから摑むと、彼女の手のひらに力を込めて押し込んだ。

旅路の終着地で、ラストマッチング。

10.　ベネズエラ

首都カラカス

3年ぶりのベネズエラの首都カラカスには明らかな変化があった。通貨はボリバル・ソベラノのはずなのに、市中にはUSドルが溢れていた。2022年9月8日に空路で入国した僕は、知人のベネズエラ人のフォルクスワーゲンで中心街のサバナグランデ地区へ向かった。日本でいえばさしずめ新宿のような場所だろうか、途中で立ち寄った24時間営業のスーパーの価格表示はすべてドルだった。

2021年3月に上梓した拙著『混迷の国ベネズエラ潜入記』でも触れたが、ベネズエラは2016年頃から破綻国家寸前と言われ約400万人が出国して周辺国に活路を求めている。「ベネズエラ危機」と呼ばれ、一時的にスーパーから食料が消え、ハイパーインフレとなり、治安が悪化して脱出者が相次いだ。

フォルクワーゲンの運転手は日系企業に勤める40代の男性、カラスキーニョである。最近はどんな状況なのか。

「カラカスに関して言えば、ドルが物凄い勢いで流通しています。民間企業のサラリーマンはドルとボリバルのミックスで給料を受け取ったりしています。北澤さんが3年前に来

カラカスのアビラ山にて。筆者とカラスキーニョ

たとき、停電や断水が多かったけど、いずれもかなり解決しています。最低賃金もその頃は2ドルぐらいだったけど、今は16・25（約2300円）ドルです。国を出る人も減った。逆にコロナを機に戻ってきている人たちもいるんですよ」

要するに上向きなのか。

「あくまでも、あの頃に比べれば、というレベルですが。ただし子供や若者にとってこの国には依然として未来はないと思います。私も妻子を連れてカナダ移住を検討していますから」

サバナグランデ駅近くの商店街通りで降ろしてもらった。

カラカス市内の様子

晩夏のカラカスの日中はTシャツと短パンでも汗ばむ陽気だ。飲食店や服屋などが軒を連ねる賑やかな通りを雑踏に紛れて歩くと、露店のホットドック店に見知った顔を見つけた。恰幅のいい体に浅黒い顔。4人の従業員を使う40代前半のオーナー、セバスチャンだ。今日から僕はこの店の寮に住むことになっていたのだった。

ゲバラの旅の最終地

コロンビアから陸路でベネズエラを目指したゲバラたちは、国境で横柄な態度のベネズエラ軍人に不快感を抱きながらも入国している。

アルゼンチンからベネズエラまで約7カ月に渡って北上した『モーターサイクル・ダイアリーズ』の旅路はここで終わりだ。

ゲバラはスミス・アンド・ウェッソンの拳銃を革ジャンの内ポケットに隠しながら旅を続けてきたが、結局、税関で一度もバレることなく旅を終えている。このあたりの身のこなしも後年の姿と結びつけないわけにはいかない。

カラカスの都会ぶりと交通量に二人は目を見張っている。

《カラカスは魅力的な現代都市だ（中略）すぐに交通量が多くなり、長い車の列が見えてきた。さまざまな形や大きさの車が互いに先を争って走り、信じられないような混沌状態になっている》

ベネズエラはコーヒーとカカオの農業国だったが、1914年に国内初の大規模油田採掘に成功するや、石油は1926年には輸出品目の第一となり、1928年には輸出高で世界一となる。以降、石油王国として名を馳せ、第二次世界大戦後はヨーロッパから大量の移民が流入してきた。1950年から1958年の間に約45万人と言われている。南米でもっとも稼げる国だった。人と金が集まってきていたのだ。だが光があれば闇もある。

二人は景気の良さとは対照的に貧富の格差にも驚いている。今にも崩れ落ちそうな貧困街の家の前になぜか高級車が駐まっている様子に圧倒された。

ゲバラたちがカラカスに足を踏み入れた1952年7月は、国内初の高速道路が完成間近でもあった。カラカスとラグアイラという港町を結ぶ17キロが1950年に着工して53年に開通している。以降、全国に整備された。日本の開通第1号は1963年、名神高速の栗東—尼崎区間だから、ベネズエラのそれは日本より10年早い。

ゲバラはそんなベネズエラを米国の波に呑まれない南米らしい国だと評価している。

ホットドック店から見える経済

その南米らしい国が近年、危機的な状況にある。僕はホットドッグ店の寮に住みながらベネズエラの様子を探った。すると、歪んだ経済構造が浮かび上がってきた。

この店の主力商品のホットドッグは1個1・5ドル（約215円）【2022年9月9日1ドル143円】である。営業時間は10時〜21時まで。従業員4人で回して1日平均80個ほど売れるという。さらに1個2ドル（約290円）のハンバーガーや飲料水も扱っており、それらを加えると1日の売り上げはおおむね2万5千円ほどになる。

休みは水曜日の週1回。仮に1カ月の営業日が26日だとして26×2万5千で1カ月65万円ほどの売り上げになる。従業員の月給は4人の入社歴がまちまちだから一律ではないが、例えば入社2年目で21歳高卒のサントスの場合、週休払いで60ドル（約8600円）だから月給は3万5千円ほどだ。

僕がなぜこんな話をしたかといえば、この時期の最低賃金は16・25ドル（約2300円）で、国民の半分ぐらいがこの金額で生活しているからだ。

前出のカラスキーニョが言う。

「日系企業に勤めている私の月給は5千円ほどです。私の姪っ子は最近、ベネズエラ最高峰の大学の建築学科の大学院を出て就職しましたが、やはり同じぐらいの月給です。この国では良いほうです。ただ、先ほど私は子供や若者にとってこの国に未来はないと言いましたね。それは、いくら勉強してホワイトカラーのエリートになっても稼げないからなんです」

ホットドッグ店に勤める21歳の若者の月給が3万5千円で、日系企業や大卒のエリート社員の月給が5千円なら、勉強して進学する理由がなくなってしまう。路上のインフォーマルな経済圏で働く中卒・高卒の若者が大卒のホワイトカラーよりも圧倒的に稼ぐのが昨今のベネズエラなのだ。

ホットドッグ店のサントスは自信たっぷりな口調で言う。

「俺は高卒で地方から上京してきた。紹介でこの店に入ったんだけど、所詮はホットドッグ屋だよな、という意識があった。だけど、蓋を開けてみたら俺はそこらの大卒よりも金を稼いでいることが分かってきた。この国の今の状況は俺にとってチャンスだ。仕事はキツい。寮に帰っても遅くまで仕込みをしなくちゃならないから大変だけど、これだけ稼ぐ

上／1個1.5ドルのホットドッグ
下／サバナグランデ地区のホットドッグ店

筆者とホットドッグ店の社長のセバスチャン（右）

と毎日が充実しているよ。いつか独立してもっと稼いでやる。大卒の奴らを見返してやるんだ」

カラスキーニョは苦々しい表情を浮かべて言う。

「カナダ移住の話をしたでしょ。私は日系企業に勤めているし、この国で生まれ育っているから、50歳近くになって今さら移住なんて本当は嫌なんですよ。ただ、うちは妻と娘と孫の4人暮らしだけど、娘と孫のことを思うとこの国にいられないんです。私と妻はこのままでもいいけど、娘と孫はこの国にいるべきではない。そう思って決断しました。治安も悪く、近所の警官が殺されて見せしめのためにその写真が近所にばらまかれたことも後押ししました」

サントスの寮費は本人の言葉を借りれば「大した金額ではない」。朝食と昼食は店のホットドッグやハンバーガーで済ませ、夕食はオーナーのセバスチャンがレストランから手配した食事を無料でたらふく食える。したがって可処分所得は大きい。

このホットドッグ店のような事例があちこちで起きている。今、カラカスの労働市場はジャイアントキリングだらけなのだ。

1週間で38人

カラカスの「ティンダー」も活況を呈していた。滞在した1週間のうち38人とマッチングした。そのうち会えたのは41歳の看護師ロサの一人だが、後述する監視の目がなければもっと多くの女性に会えたかもしれない。

僕の滞在先のホットドッグ店の寮の所有者はコロンビア在住の日本人男性である。ホットドッグ店のベネズエラ人社長とは親戚関係にある。したがって社長は寮の所有者に言われているのである。

「友人の日本人を世話してやってくれ。くれぐれも事故がないように安全面に配慮して」

社長のセバスチャンは近所に住みながらも目を光らせ、僕の毎日の行動を把握したがる。

「マッチングアプリの女性に会おうと思っている」と事前に話したのがマズかった。

「そんな目的で来たの？　絶対にダメだ！　犯罪に巻き込まれて誘拐される。マッチングアプリ絡みの事件は多いんだ。君に何かあったら所有者の日本人の顔を潰すことになる。ベネズエラの治安を舐めないほうがいい」と声を上げ、ついには僕のスマホの写真やワッツアップの履歴を毎日チェックするようになってしまったのだ。心配してくれるのはありがたいが窮屈だった。

　そんな目をかいくぐってロサとのやり取りが始まった。

カラカスで38人とマッチングした画面

《やあロサ、僕は日本人の旅行者で今カラカスにいるんだけど、君はどこに住んでいるの？》
《カラカスだよ。あなたはいつまでベネズエラにいるの？　ホテルはどこ？》
《9月14日頃までいる。サバナグランデ地区の友人の家にいるよ》
《カラカスで何をするの？　あなた、今日は時間ある？》
《あるよ。僕のワッツアップの番号はこれ。こっちでやり取りしよう》
そのとき、僕はちょうど旧市街地の繁華街のレストランで昼食を取り始めたところだった。すぐにワッツアップでのやり取りが始まって、「ビストロ・デル・リベルタドール」というレストランにいることを告げると、何とこれから来ることになったのだ。
《2時30分に行くからそこを動かないで》

ロサとのひととき

はたしてロサは軽快に現れた。七分丈の黒のスリムパンツに黒と白の縞模様のTシャツ、

待ち合わせのレストラン「ビストロ・デル・リベルタドール」

腰には灰色のカーディガンを巻き、紐のナップサックリュックを背負い足元はサンダル履きだ。

装いには近所へ行くような軽さがあるが、肩口で外巻きに揺れる黒髪がなまめかしく、潤んだような瞳には男心をくすぐる色気があった。

ロサは聞いてもないのによく話すタイプだ。勤務先の病院のこと、家族のこと、最近のベネズエラのことなどを一方的にまくし立てた。

ここから歩いて10分ほどのカピトリオという地区に家族と住んでいるという。

不思議なのは悲壮感のようなものがない

ことだ。多くのベネズエラ人はこうした国の状況に不満を持っているのだが、彼女には屈託がなかった。

カピトリオは中流層のエリアだが本当はお金持ちなのかもしれない。あるいは慣れきってしまって麻痺しているのだろうか。

彼氏とは1年ほど前に別れて、休日はヒマで「ティンダー」をよく利用しているという。だがベネズエラ人とはなるべく会わないようにしているようだ。

「私ね、外国人が好きなの。カラカスに住んでいたアメリカ人の男とも仲良くなったけど、国へ帰ってしまったわ。ベネズエラ人は今、ベネズエラ人を信用しないの。一見の人と知

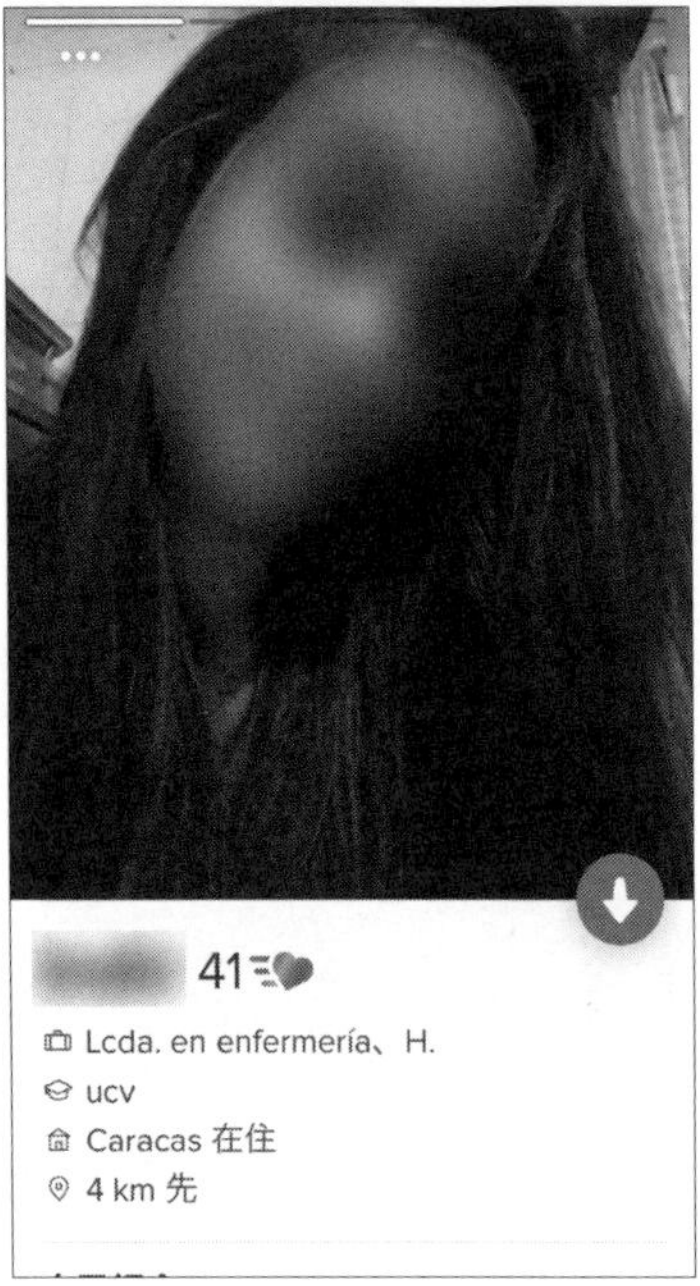

マッチングして会う約束を取り付けた41歳の看護師ロサ

筆者とロサ

り合うと、どういう人と繋がっているのか誰もが疑心暗鬼になる」

「国を出ようとは思わなかったの？」

「家族もいるし、新しい国で一から何かを始めるのが嫌なの」

「でもこの国にいると生活が苦しいときがあるでしょ」

「あるけど、私は看護師だからまだまだ良いほうかな」

僕はホットドッグ店に勤める従業員たちの様子を話した。すると、急に彼女の顔つきが変わってきた。

「カジェ（路上）の人たちは現金商売だから私たちより稼いでいるのは知っているわ。

おそらく私の月給50ドル（約7200円）より多いでしょう。でも、彼らといると危ないわ。あなたどういう人たちと付き合っているの？　そのホットドッグ店の具体的な場所はどこ？　社長は何という人なの？」

僕は言葉を失った。会ったばかりの彼女に、はたして実名を出して具体的な話をしても良いだろうか。

僕は隣国コロンビアを拠点にラテンアメリカ各地を回っているが、その拠点というのは、コロンビアの首都ボゴタの日本食レストラン「侍や」の2階の一室である。在コロンビア45年の高橋弘昌社長は中南米における僕の師匠でいつも言われていることがある。曰く、中南米ではいたずらに自分のコミュニティの話をしないこと、道端で貴重品を見つけたら見なかったことにしてスルーすること、外出の際は昼間であっても後ろを振り返る癖をつけること、食べ物や飲み物を安易にもらわないこと、流しのタクシーはなるべく使わないこと、ウーバのタクシーに乗る際は運転手に「あなたの名前は？」とこちらから尋ねた上でアプリに記載のフルネームを確認すること、などだ。

僕は師匠の教えを反芻しながらホットドッグ店の話は誤魔化した。彼女は連れない様子で話は盛り上がらなくなってしまった。

　それから店を出て二人で近所を散歩し、空が落日間際の白っぽい残光に包まれた頃、僕は「そろそろ帰ろう」と告げた。セバスチャンとは夕方には寮に戻る約束をしていた。最寄り駅のカピトリオで別れようとするとロサは思い出したように言った。

「あなたサバナグランデで降りるんだっけ？　私はレクレオでアイフォンを見たいから一緒に行こう」

　カピトリオ駅からサバナグランデ駅まで6駅。レクレオはサバナグランデ駅の近くにある大きなショッピングモールだ。地下鉄は泥棒が多く外国人が一人で乗車していると何かと目を付けられやすいので地元民と一緒なのはありがたかった。

　のろのろとした電車に乗って約10分、僕らはサバナグランデ駅の地上に出た。仕事帰りの勤め人たちが増えてきている。寮はレクレオと正反対のほうなので僕はここでロサと別れた。

　僕は人混みに紛れて「教会通り」を抜けた。教会の近くにブランコや鉄棒のある小さな広場があり、その脇に寮のマンションがある。広場で遊ぶ子供たちを眺めながらポケット

サバナグランデ地区

から鍵を取り出してふとうしろを振り向くと、そこにいるはずのないロサと目が合い僕は凍り付いた。彼女は僕に気付くと驚愕に見開かれた視線を逸らし、瞬時に踵を返して追いかけるまもなく速度を速めて行った――。

ベネズエラで旅を終えたゲバラは故郷のアルゼンチンに戻り、国立ブエノスアイレス大学医学部に復帰して残りの単位を取得した。アレルギーに関する論文を書き上げて医学博士となった。

一方、相棒のアルベルトはベネズエラに残り、ツテを頼って当初からの希望通りハンセン病の病院で働くことになった。

ゲバラは大学卒業後にベネズエラでアルベルトと一緒に働くつもりだったが、別人にグアテマラに誘われてベネズエラ行きをキャンセル。これがキューバ革命参加の出発点となった。

歴史に「もしも」は禁句だが、ベネズエラでアルベルトと合流していたらまったく違う人生を歩んでいたかもしれない。

2人の7カ月間の軌跡をおよそ4カ月かけて回ってみて思うのは、喘息の発作を何度も起こしながらも貫徹したゲバラの無鉄砲さだ。

アルゼンチンとチリの国境の険しいアンデス山脈をバイクで越え、標高差の激しいペルーをヒッチで縦断し、アマゾン川を筏で横断した。

そのうえ、【サンパブロ編】で触れたアマゾン川の渡河だ。ゲバラは幼少期から喘息持ちであるにも関わらず過剰にスポーツに熱中するなど自分の体を痛めつけるような激しい一面を持っていたとはいえ、これはさすがに常軌を逸していた。これらの体験が良くも悪くもおおいに自信となっているような気がしてならない。

ゲバラがキューバ革命参加者の82人に名を連ねてメキシコの港を出発したのは1956年11月25日。定員20名ほどのレジャーボートに82人の若い革命家たちが乗ったからキューバに着陸するまでの7日間は悲惨だった。

船内は船酔いによる嘔吐物と排泄物にまみれ、疲れと空腹で革命どころの雰囲気ではなかった。ゲバラは案の定、喘息の発作を引き起こしている。そんな頼りない船出から革命成就までを乗り越えることができたのは、この旅の経験がモノをいったに違いなかった。

のちに英雄視されるようになるゲバラだが、『モーターサイクル・ダイアリーズ』には無名時代の無邪気さと行き当たりばったりの等身大のゲバラが現れてくる。ゲバラは革命家である前に楽天家であり冒険家だった。そして、女性にはナイーブで傷つきやすい少年だった。人間味溢れるそんな姿が描かれているのがこの作品の最大の魅力だと思う。

ところで――。ベネズエラまでの旅を終えた僕はコロンビアに向かっていた。首都ボゴタの日本食レストラン「侍や」の2階が僕の拠点だが、オーナー夫婦に紹介する女性がいた。チリのバルパライソで出会ったコロンビア人女性（【バルパライソ・チュキカマタ編】に登場）のディアナである。

アルゼンチンからベネズエラまでの約4カ月の旅で6人の女性たちと出会ってきた。【ロサリオ編】のマルガリータ、【クスコ編】のヨルレイダ、【リマ編】のケリー、【イキトス編】のボニータ、【ボゴタ編】のアレハンドラ、【ベネズエラ編】のロサである。

残念ながら定期的にしっかり連絡が続いている女性は一人もおらず、ディアナとは頻繁にワッツアップのメッセージを交換し、ボゴタ滞在中は何度か会っていた。そのことを「侍や」の高橋弘昌社長の妻女のイダリに告げると、「連れて来なさい。私があなたたちの相性を判断してあげる」となったのである。ディアナとはすっかり仲良くなり、僕も満更ではなかった。まるで両親に紹介するような気分でディアナを「侍や」に招いたのである。

ところが――。店に入店してきたディアナは、挨拶もそこそこに浮かない顔をしていた。聞けば10年勤めた都市銀行をいきなり解雇されたのだという。それも、今年の8月に就任したばかりのグスタボ・ペトロ大統領の影響ではないかと言うのだ。

上／筆者の拠点、日本食レストラン「侍や」の2階
下／「侍や」の高橋社長とイダリ夫婦

筆者とディアナ

39歳のディアナはコロンビアの私立エアン大学経営学部を卒業後、都市銀行Aに入行。10年後に都市銀行のBに転職し、調査役として活躍していた。月収450万円ペソ（約13万4千円／日本の月給50〜60万円ぐらいの感覚だろうか）はコロンビア社会ではトップクラスのエリートである。バイクと旅行が趣味で、年に1回は海外旅行に行く独身生活を謳歌していた。そうしてチリで僕と出会ったのである。

左派系のペトロ大統領は、再配分を軸にした政策を打ち出している。コロンビアの基幹産業にあたる石炭や石油の新規掘削作業は環境問題に配慮して停止。資産家税を

コロンビア大統領グスタボ・ペトロの著書『生活がすべて』（未訳）。写真は大統領本人

徴収し、農家や先住民や低所得者を支援、2023年1月には最低賃金の最低10％以上アップなどを目指している。

これに危機感を募らせているのが大手企業や資産家たちだ。資産を外資系金融機関に移すようになり、銀行は預金残高の目減りから定期預金の金利を15％前後にするなどして集客に躍起になっている。「侍や」に来店する富裕層のお客さんの中にはすでに国外移住を検討している者もいるほどだ。

彼女は「その煽りを受けての退職だと思う。同じ支店で私を含めて4人がクビになった」と意気消沈している。39歳での転職活動は難しい。職を選ばなければいくらでもあるだろうが、最低賃金が100万ペソ（約3万円）で国民の7割がそれで暮らしている国でこれまでと同等の給与水準を維持するのは無理だ。バイクのローンも残っていると声を詰まらせた。

この日は結局、3人で彼女の話を聞いて慰めるしかなかった。

米国に留学経験のある彼女は「ヒューストンに友達がいる。向こうで働こうかな……」と呟くと、イダリは思いついたように「それなら日本はどう？　彼と一緒に東京に行ったら」と二人で僕の顔を見た。ディアナは目を輝かせて「それは妙案だ！」などと言っている。これは妙な展開になってきたな、と思いながらその日は別れた。

以後、イダリはしきりに「彼女を日本へ連れて行って一緒になりなさい。二人で力を合わせて生活していったら」と声を弾ませるので、僕も何となくその気になってきていた。コロンビアや中南米に住むことは想定内だったが、コロンビアの女性を連れて東京で働く――は考えもしなかった展開だ。

数日後、どちらかともなく切り出して会うことになった。ボゴタの名物料理のアヒアコの美味しい店に連れて行ってくれるというのだ。まだ付き合っているわけではないのに、

ボゴタの名物料理「アヒアコ」

イダリに呼られた日本行きの話を切り出されるのではないかと一人勝手に妄想しながらディアナと会った。

混み合っている店内でアヒアコを食べてカフェに移動すると、彼女は顔を上げた。

「2月からヒューストンに行こうと思っている。ヒスパニック系のカード系金融会社で働けるかもしれない。一緒に行かない？」

僕はコーヒーカップを落としそうになった。

「再来週から1月までボゴタの大学で短期の事務仕事を見つけたんだけど、現職者の妊娠のためであくまでも短期。その間に米国行きの準備をするわ。あなた、私と米国に興味があるなら1月までに返事をちょうだい」

展開が早くて思考が追いつかない。どこまで本気なのかさじ加減もつかめなかった。英語は中学1年生レベルの43歳無職者が、まだ会って数回のコロンビア人女性とヒューストンへ。いったいどんな展開になるのだろうか。もうそんな年齢じゃないよという諦念とこれは面白そうだなというワクワク感が同居している。

窓の外に目をやると、日中の光が路上に溢れ、トランスミレニオと呼ばれる路面電車のような青いバスがゆっくりとした速度で旧市街地のど真ん中を運行していた。こんなとき、ゲバラならどういう決断を下すのだろうか、と考えながら僕は残りのコーヒーを一気に飲み干した。

あとがき

『モーターサイクル・ダイアリーズ』には続編の旅がある。

前述したようにゲバラは国立ブエノスアイレス大学医学部を卒業したものの医師の道には進まなかった。卒業後にベネズエラでアルベルトと共にハンセン病の病院で働くつもりだった。そのベネズエラに向かう途上のボリビア、ペルー、エクアドルでの出会いを契機に進路を変えて中米のグアテマラに向かう。グアテマラで本格的に政治活動に目覚め、メキシコでフィデル・カストロと出会いキューバ革命に参加することになる。

グアテマラまでの足跡が『モーターサイクル・ダイアリーズ』の続編のような位置づけだがゲバラの目はもう旅人のそれではなかった。出会う相手も活動家が増えていた。アルゼンチンからやってきた論客として見られるようになっていたのである。

時代状況がそうさせてもいた。

ボリビアはゲバラ滞在の前年にボリビア革命が起きて混乱が続いていた。アルゼンチンもペルーも政権は独裁色を強め、反対派を逮捕、弾圧するなどして強硬路線を敷いていた。グアテマラは1950年に当選したアルベンス大統領が米企業の土地収用を含む大規模な農地改革をおこなうなどして大鉈を振るった。だがこれが米国の神経を逆なでした。1954年6月、米国の支援を受けたグアテマラ軍の元大佐カルロス・カスティージョ率いる武装勢力による軍事クーデターが起こりアルベンス政権は倒されてしまう。ゲバラがグアテマラに滞在したのはまさにこの時期だった。同じ頃、キューバでは活動家として頭角を現していた若きフィデル・カストロが政府軍のモンカーダ兵営を襲撃して腐敗だらけの親米政権に揺さぶりをかけていた。

中南米大陸のあちこちで革命分子が蠢動し、あるいは紅蓮の炎を上げた。『モーターサイクル・ダイアリーズ』の旅で南米の現実を目の当たりにしたゲバラには無縁ではいられなかった。住む場所を奪われた人や貧困に苦しむ人。難病に冒されて行き場のない人。権力を持たない人。米国資本による搾取と陰謀に巻き込まれた人……。

医師としてそんな彼らを癒やす体勢は整っていたが、ゲバラの関心は、人の病ではなく、社会の病のほうへ向かっていった。

グアテマラへ向かう前後には中米各地の状況も見ていた。ゲバラの視界はもはや中南米全域を射程圏内にとらえていた。キューバ革命に参加したのは何ら不思議ではなく自然な流れだったのだ。ゲバラにとっての祖国は中南米全域なのだ。

2022年11月——。僕は帰国して都内のシェアハウスに住み始めた。おりからの円安の影響もあり、約5カ月間の旅で資金が底を尽きつつあった。ディアナと米国に行くにしても、まずはつべこべ言わずにお金を貯める必要があった。仕事も決まっていた。

だが距離が出来たせいか、ボゴタにいたときのような頻繁なやり取りが少なくなってしまった。おそらく話は流れるだろう。そうして年が明けて今日に至っている。

マッチングアプリを使って南米を旅しながら婚活——というテーマは思うような結果には結びつかなかったが、彼女たちのフィルターを通して南米の新たな一面を垣間見ることはできた。南米は想像以上に発展し、購買力のある中間層のボリュームが増えていた。多くの日本人が抱く「南米は治安が悪くて貧しい」といったイメージは間違いではないが紋切り型に過ぎない。

本文でも触れたが中間層のバックパッカーが登場している点などは注目に値するだろう。日本人バックパッカーが消えているのとは対照的に中南米のバックパッカーたちが日本に押し寄せてくる割合は年を追うごとに増えていくだろう。彼ら彼女らはマッチングアプリを使って日本人の恋人をさがすかもしれない。いや、そんなことはもう数年前から始まっているし、いずれ、日本人労働者は安くて勤勉と見なされて中南米に家政婦（夫）として雇われる時代がやってくると僕は思っている。はからずもマッチングアプリを通して日本が置かれた経済状況が見えてしまう旅でもあった。

帰国後もついついマッチングアプリを使ってしまうのは、ツイッターやフェイスブックなどのSNSと同等の存在になってしまったからだろう。構える必要はなく気軽に楽しめばいいと思うし、若い人たちの中にはまるで息を吸うように軽く使っている人たちがいるのを知っている。

ゲバラがマッチングアプリの存在を知ったらどう思うだろう。おそらく、出会いのきっかけなど取るに足らないと言うだろう。

ゲバラには人を好きになる才能があった。

細かいことはいちいち気にせずにゲバラのように人を好きになりたいものだ。

最後になりますが、この本を読んで下さったすべての皆様に、心より御礼申し上げます。

ありがとうございました。

2023年1月末日　北澤豊雄

主要参考文献

（日本語文献）
・『ラテン・アメリカ史Ⅱ』増田義郎編（山川出版社）二〇〇〇年七月一五日
・『エルネスト・チェ・ゲバラ伝（上）（下）』パコ・イグナシオ・タイボⅡ／後藤政子訳（海風書房）二〇〇一年七月二六日
・『マラドーナ自伝』ディエゴ・マラドーナ／藤坂ガルシア千鶴訳（幻冬舎）二〇〇二年六月一〇日
・『モーターサイクル・ダイアリーズ』エルネスト・チェ・ゲバラ／棚橋加奈江訳（角川文庫）二〇〇四年九月二三日
・『トラベリング・ウィズ・ゲバラ　革命前夜――若き日のゲバラが南米旅行で見た光景』アルベルト・グラナード／池谷律代訳（学習研究者）二〇〇四年一〇月一六日
・『チェ・ゲバラ　ふたたび旅へ』エルネスト チェ・ゲバラ／棚橋加奈江訳（現代企画室）二〇〇四年一一月二五日
・『チェ・ゲバラ　旅、キューバ革命、ボリビア』伊高浩昭（中公新書）二〇一五年七月二日
・『チェ・ゲバラとキューバ革命』内藤陽介（えにし書房）二〇一九年二月二五日
・『混迷の国ベネズエラ潜入記』北澤豊雄（産業編集センター）二〇二一年三月一五日

（スペイン語文献）
・Alberto Granado『Con el Che por Sudamerica』(Marea)2013
・Ernesto Che Guevara『Notas de Viaje』(Ocean Sur)2017

北澤豊雄（きたざわ・とよお）

1978年長野県生まれ。ノンフィクションライター。帝京大学文学部卒業。広告制作会社、保険外交員などを経て2007年よりコロンビアを拠点にラテンアメリカ14カ国を取材。「Number」「フットボールチャンネル」「クーリエ・ジャポン」などに執筆。著書に『ダリエン地峡決死行』『混迷の国ベネズエラ潜入記』（産業編集センター刊）。

わたしの旅ブックス

045

花嫁とゲバラを探して　南米婚活紀行

2023年3月15日第1刷発行

著者――――北澤豊雄

デザイン――――松田行正＋杉本聖士（マツダオフィス）

編集――――佐々木勇志（産業編集センター）

地図作成――――山本祥子（産業編集センター）

発行所――――株式会社産業編集センター
〒112-0011
東京都文京区千石4-39-17
TEL 03-5395-6133FAX 03-5395-5320
https://www.shc.co.jp/book

印刷・製本――――株式会社シナノパブリッシングプレス

ISBN978-4-86311-357-2 C0026